Traveling the World

行走世界

遇见不一样的文明

寿乐英 著

中国工人出版社

序

为自己缝制一袭满布异国风情的华服

一个人的文字与立场，往往与其人生阅历息息相关，密不可分。本书作者寿乐英退休以来，行迹展布四海，足印遍踏五洲，间以“晨钟乐游”“晨钟的快乐生活”之名在乐途旅游、新浪、今日头条等旅游平台刊登行记，点击量达到数百万。这一切都源自她的初心，正如作者在自序中所说的那样：“旅行的爱好起自何时？细细回想，可能源自当‘知青’时的经历。”所区别者，昔年只能藉探亲之余，零敲碎打地在国内顺道穷游，如今则可携“长枪短炮”，渡山海、赴远洋，冲出亚洲，走向世界。由此可见，本书的写作初衷，不啻为作者多年以后旅行夙愿的实现与延展。

关于写作，西方的布封有所谓“风格即人”的观点，东方的苏轼也说过文如其人的品鉴。由此看来，作品的风格某种意义上等同于作家人格的外化，应是创作的通识。具体到本书作者，其对工作的认真和严谨，对生活的乐观与包容，对新生事物的接纳及探寻，均予我极为深刻的感受和印象。如今，半生乐为他人作嫁衣的作者，终于亲手为自己缝制了一袭满布异国风情的华服，而她的这些人格特质，也毫无例外地投射到了行记当中。

正如她在自序里所说的那样——“旅行是一个绝佳的探索、学习和修炼的过程。它能极大满足好奇心和求知欲，充分调动同情心和同理心。这过程让人痴迷、陶醉，欲罢不能”。通观全书，探索、学习、修炼构成了基本的底色，而此三者正是旅行之于旅游的根本区别。顾名思义，旅游其重在游，旅行其重在行。前者走马观花，人云亦云，匆匆打卡；后者则赋予旅程更多个体的体验、思考与感悟。

读者应不难体会到，在这本行记中，作者每行至一处，哪怕驻留时间极其有限，也能以小而观大，见微而知著，不仅对眼前景致有着传神而生动的描摹，而且总能发现风景背后的风景，并因之延展和生发，从而达至将观光游变成深度游的境界和效果。这无疑是作者贯穿全书的主体风格，同时更是其有别于一般游记的重要特征。

比如参观奥斯特洛夫斯基故居博物馆。对作者那一代人而言，《钢铁是怎样炼成的》不啻为革命圣经，所有的人物、情节，还有那些金光闪闪而又铿锵有力的革命警句，都在那一代人的精神血脉里刻下了深深的烙印。我相信，作者的大部分同龄人经行此处，在认知和感受上都会有置身激情燃烧的岁月之感，进而凸显缅怀与感念的昨日情怀，这种情怀无疑是真诚而质朴的。

那么，一起看看作者伫立在奥斯特洛夫斯基故居前的思考吧——“站在当下的角度，我能体味出书中的局限，例如，站在无产阶级立场，鄙视财富、鄙视知识分子；将革命和爱情对立，主张为了革命需要放弃爱情；提倡绝对的服从，绝对的自我牺牲，追求纯而又纯的大公无私；等等。站在历史的角度，我能体味出书中充满激情和正能量，反映了身处特殊年代的那一代人的信仰和追求，体现了作者所代表的那个阶级在血与火的洗礼中的成长，也歌颂了面对逆境和人生悲剧顽强抗争的英勇气概。站在历史与当下的结合点上，我更愿意接受它超越时空的价值和意义，不论物质多么丰富、技术多么进步，人都需要精神的定力；不论崇高还是世俗，伟大还是平凡，人都需要追求生命的意义。光环不再，神圣远去，情怀常在，理想永存。”

不唯书，只唯实，不唯旧，只唯变，三个角度，三种维度，既有深刻真实的历史观照，又有与时俱进的发展眼光，更有精神价值永恒不灭的盖棺定论。类似这样独立而辩证的人文思考，在书中比比皆是，无不融汇着作者对生活、对社会的观察与识见。且个中种种思辨与情绪的阐发毫不生涩，如话家常，体现在逻辑层次上更是流动而自然。王国维早就讲过“一切景语，皆为情语”，个中真意，我以为作者深谙。同时，这也充分体现出作者作为一位资深的编辑杂家、人文学者的因果之证。

写作需要内驱力，也需要外驱力，前者与个人的才情有关，后者与外面的世界有关。外面的世界很无奈，但外面的世界也很精彩，通观全书，作者看到的无疑都是精彩。精彩需要向往、需要感受，不过在作者心中，精彩更需要表达、需要分享。因为这些精彩不仅鲜活着作者的外在，同时更丰富着作者的内心，当内心的涌动与奔流无可抑制的时候，就会自然而然诉诸文字、投射到笔端。而独乐乐不如众乐乐，何以众乐？把信送给加西亚，为这本行记找到更多需要它的人，就像作者所说的——“如果读了本书的朋友有诸多疑惑、不甘或不满足，开始去规划自己的世界之旅，去书写个人的行走篇章，那我真觉得自己是做了件好事。”

两岸猿声啼不住，轻舟已过万重山。人生有限，旅行无限，作者在自序里希望：“如果有可能，我愿一直继续这样的旅行。”祝愿作者永葆行走的热情、意志和体能，一直在路上，一直在远方，前方的地平线永远明亮、开阔！

是为序。

刘向鸿（中国书籍出版社总编辑）

2023年10月

自 序

旅行的爱好起自何时?

细细回想，可能源自当“知青”时的经历。17 岁那年，我从北京下乡到了云南西双版纳。生活和劳动都很艰苦，值得庆幸的是，有工资可领，当然也是有探亲路费的。路途遥远，聪明的伙伴就琢磨，让有限的路费价值最大化，那就是顺路游玩。例如，火车买全程车票，中途一次次下车转签，只要在规定期限内到达最终目的地，都是不用再花钱的。

学习他们的经验，第一次探亲回家，我就游览了一些风景名胜，还把飞机、轮船、火车、汽车这些交通工具乘了个遍。记得有一次，到一地儿下了河轮后是半夜，仅有的一家旅店早已客满。前台大姐看着我疲惫的双眼，问询道：给你在过道搭张床，能睡吗（没说敢，而说能）？她还示意能远远望着关照我。横下一条心，我点了点头。躺下后，想着放在床下的球鞋，总觉得不踏实，怕被人偷走。最后，干脆把鞋垫在了枕头下面。其实，就是求个心理安慰，若真有人想偷，我恐怕也醒不了！

旅行是什么?

有人调侃说就是从你待腻的地方来到别人待腻的地方，还有诗句说，你站在桥头看风景，风景里的人在看桥头的你。说得都有些道理。不过，我可没工夫管人家腻不腻，有没有把我当风景看，只感觉旅行是一个绝佳的探索、学习和修炼的过程。它能极大满足好奇心和求知欲，充分调动同情心和同理心。这过程让人痴迷、陶醉，欲罢不能。

虽然为了旅行能有所收获，行前要做大量功课，但实际行程还是很像开盲盒，簇拥着众多不确定和未知，才会有那么多趣事、乐事、开心事，也会有那么多糗事、险事、烦心事，当然更多的是感慨、感动和震撼。所以，行后还要查大量资料，努力将所见所闻、所思所想记述下来，自我留存，在朋友圈和网络上分享，这就是本书这些文章的由来。

旅行是为了什么？

到葡萄牙旅游，参观了里斯本的热罗尼姆斯修道院，这里长眠着两位名人，一个是著名航海探险家达·伽马，另一个是著名诗人卡蒙斯。导游的介绍给我留下深刻印象：他们受到如此礼遇，是因为他们两个人一个拓展了葡萄牙国土的广度，而另一个代表了葡萄牙人灵魂的深度。

对个人而言，生命的广度与深度，何尝不是我们孜孜以求的呢？凡夫俗子，不敢有多少奢望，但旅行提供了实现目标的一座宽广的桥梁，一艘宏大的舰船，跨越千山万水的地理距离、千姿百态的文化差异，承载人类共通的多样情感和认知、不同文明的共同智慧和忧伤。

这世界这么大，这世界人这么多，各地的景致大相径庭，各地的生活丰富多彩。中国有百里不同景、十里不同风的俗语，扩展到全球，该是多么不同的景和风？能够一点点、一处处把它们收入眼中，能够亲历许许多多的独一无二、千载难逢和无以言表，真是人生一大幸事。感恩生活，与年轻时的穷游相比，现在的条件好了千百倍；感恩命运，退休后有了充裕时间，腿脚也还争气。珍惜，唯有珍惜。

纸上得来终觉浅，如果读了本书的朋友有诸多疑惑、不甘或不满足，开始去规划自己的世界之旅，去书写个人的行走篇章，那我真觉得自己是做了件好事。

看别人的日子，品自己的生活；赏自然美景，养胸中乾坤。如果有可能，我愿一直继续这样的旅行。

目标，前方的地平线。

2023 年 9 月于芍药居

目录

亚洲印象

在古驿站探寻财富密码

作为古丝绸之路东端国家的国民，我们耳熟能详丝绸之路的传说，看惯了沙漠驼队的影视图像，在一个个考古发掘中认识来自西域的珠宝物品。但记录中西商人交流活动的古遗存，例如驿站，似乎并不多见。可能是砖木结构的建筑无法跨越超长时空保存，可能是重农抑商的传统文化淹没了它们的价值，抑或还有其他的原因。

资本增值的规律决定商人奔波的命运

难得，作为古丝绸之路西端的重要国家，土耳其境内有许多古驿站遗存帮我们补上这一课。土耳其之旅，我们参观了山城萨夫兰博卢的驿站酒店，孔亚的苏丹古驿站，还在孔亚的赫洛鲁罕古驿站餐厅吃了一顿午餐。土耳其的驿站文化颇具特色，使我们得以近距离遥想当年商人们的生存状态，探寻千百年的财富密码。

资本只有在运动中才能增值，商人资本便是在流通领域的运动中实现增值。从某种意义上来说，运动半径越大，增值空间也就越大。换句通俗的话来说，就是长途贩运的里程越长，赚的钱就越多。丝绸之路上的商人们深谙个中道理，因而经年累月，无论严寒酷暑，舟车劳顿，都奔波在路上。“烛天灯火三更市，摇月旌旗万里舟”——三更天才收市，又借着月色行船；“西原驿路挂城头，客散江亭雨未收”——从城头望去，陡峭的驿路像挂在天边；“今夜未知何处宿，平沙万里绝人烟”——沙漠中商人们的处境想必与岑参边塞诗中军人们是一样的，甚至比吃皇粮供给的军人们更艰险。

漫漫旅途中的驿站，就是商旅的避风港、安乐窝。在这里，有温暖的稻草和炉火，有诱人的热饭和热菜，有销魂的美酒和美人，有开心的合作和交易，还有天南海北的朋友和故事。当然，也会有偷窃和火并，欺骗和背叛，疾病和死亡。

孔亚的苏丹驿站，是塞尔柱王朝最大和最好的驿站，1229 年由塞尔柱苏丹阿拉丁·凯库巴特建造。1278 年毁于一场大火，后来又由当地总督重修扩建，成为土耳其境内规模最大的驿站。全部是石料垒砌，高大、宽敞，自成一个封闭的城堡体系。

进大门后两边有长长的不带门窗的廊式建筑，这是牲畜住的地方和堆货物的地方。天热时人就与牲畜混住于此。后面是一座高大的长方形建筑，是人住的地方。窗非常小，也非常少，可能是为了保暖。但很原始，没有分间，想必是南来北往的人都住通铺吧？苏丹是穆斯林国家的君主，所以土耳其籍中文导游说这儿叫皇帝驿站。驿站的拱形门上都雕刻着精美的花纹，驿站大门两边的石壁上也雕满了精美的花纹，确有皇家气派。

土耳其有丰富驿站遗存

据介绍，最兴盛时期土耳其境内每三四十千米（商旅一天的行程距离）就建有一个驿站，有露天式的和不露天式的。这里就像一个浓缩的小集镇，医生、理发师、铁匠、兽医等各行人士为商旅提供补给和服务。在驿站，商人们前三天的住宿是免费的，用现在的流行语来说，这是个很人性化、互利多赢的规定。

驿站的前身是兵站，称为“Ribat”，主要服务于军事。这里地处亚欧交通要冲，是骆驼商队必经之地。塞尔柱苏丹看到了巨大商机，对过境贸易采取积极鼓励的政策，努力保证商路畅通，也通过税收获得不小的经济收益。这样，原来的兵站纷纷“转型”为驿站，还陆续修建了许多大型驿站。据说仅苏丹就出资兴建了9座，因此称为“苏丹”，表示级别最高、条件最好。若将驿站进行分类，“苏丹”可算作第一类。第二类条件稍差，但还有兵士护卫，称作“士兵”。第三类最平民化，晚上连照明都没有，称为“黑洞”。

孔亚的赫洛鲁罕古驿站始建于13世纪，大部分在20世纪初毁了，后来一个省的基金会出资将其重建，1994年改建成餐厅。望着驿站餐厅高高的穹顶，品尝着当地风味菜肴，听着弹唱艺人或深沉或激越的吟唱，不禁猜测着，当年漫漫商路上的匆匆过客该做着怎样的发财梦，这些梦想又实现了多少。

萨夫兰博卢的驿站可能建造年代较晚，已与今人建筑没有太大差别，也是石质建筑，围成长方形城堡形状，共有两层，中间是天井，所有房间的门都朝向天井，门前有走道相通。坡形屋顶覆着红瓦，楼顶上有许多石质小烟囱，可能是冬季取暖的烟道。这里现在还是一家酒店，让今人与古人魂牵梦萦。更难得的是，走道墙上挂着这座驿站昔日的老照片，供人们按图索骥，发思古之幽情。

财富在路上，期望在远方。“商人重利轻别离”，白居易老先生对财富密码的解读虽然入木三分，恐怕也过于武断。重利的商人无疑是多数，但轻别离的商人大概还是少数吧？只是生计所迫、职业使然，令他们不得不背井离乡，奔波在千里、万里商路，留下驿站作为对后人的交代。

一座会“穿越”的雕像

阿里，阿塞拜疆男子最常用的名字，我们的阿塞拜疆导游小伙就叫这个名字；妮诺，格鲁吉亚女子最常用的名字，我们的格鲁吉亚导游小伙说，他的妹妹和前女友都叫这个名字。

在格鲁吉亚海滨城市巴统，有一座以“阿里与妮诺”命名的现代雕像，很不同寻常。几年前在微信上看到它的照片，好像是位列世界上最神奇必看的雕像Top20之内。很期待见到能“穿越”的雕像，准备着为这个类似中国《梁山伯与祝英台》和西方《罗密欧与朱丽叶》的故事而唏嘘。

十分钟内走近又走远

格鲁吉亚的黑海明珠巴统，坐落在黑海东岸，靠近与土耳其的边境。头一天傍晚到达格鲁吉亚首都第比利斯，第二天上午就一路向西，长途驱车，大约在下午五点到达巴统。赶往海滨旅游区参观。

海滨大道是巴统的靓丽名片，各种现代建筑鳞次栉比，彰显着这座海滨城市的活力与时尚。有造型像倒立啤酒瓶的司法部大楼，有外围环绕格鲁吉亚语 33 个字母的字母塔，有像异形积木的办公楼，有外墙嵌着游乐摩天轮的大学。据导游介绍，奥斯曼土耳其人撤出时摧毁了城市的大部分老建筑，但我们还是看到了圣玛利亚大教堂和旧灯塔。入夜，各种景观灯开启，海滨大道变得更加美轮美奂，多姿多彩。

当然，排在参观内容第一位的，还是观看神奇的“穿越”雕像。一个金属轨道上，立着一男一女两座现代感十足的不锈钢雕像，高度有 8 米。只是一个简洁造型，中空，切割成平行片状，五官和手臂均已省略。男的稍高，脸部基本呈平视状；女的稍矮，下巴微微抬起，脸部朝向斜上方。网上有人称雕像为“一天之内走近又走远的两人”。若真是这样慢，恐怕多数游客要抗议了，因为没有时间看完全过程。实际上，两座雕像从开始启动相向而行，到贴近融为一体，再到分开背道而行直至停止运动，大概是十分钟。

随着雕像的运动，现场许多游客啧啧称奇，看网上说，还有人看得泪流满面。爱情的刻骨铭心应该是超越国界的，应该是可以获得跨文化认同的。还有小朋友在玩儿吹泡泡的游戏，大大的泡泡飘向空中，环绕在雕像左右，更增添亦真亦幻的效果。

以惯性思维，觉得这雕像应该说的是，阿塞拜疆男子与格鲁吉亚女子相爱，但因宗教信仰和文化背景不同，最终难成眷属，属于标准版爱情悲剧故事。设计师灵感来源于此故事，穿越的设计应类似我们梁山伯与祝英台故事中的“化蝶”，是一种美好寓意。

参观现场比较杂乱，团友也比较分散，格鲁吉亚导游小高没有做多少讲解。只是在后来的行程中才听他说到，雕像创作灵感来源于一本小说。

了解故事背后的复杂和多元

回国后查找资料，小说原著 1937 年在奥地利出版，作者是德国作家列夫·努辛鲍姆（Lev Nussimbaum），笔名库尔班·赛义德（Kurban Said）。他是犹太商人的儿子，出生于阿塞拜疆巴库，皈依伊斯兰教，少年时代移民德国。我国国内 2006 年翻译出版了此部德语小说，书名是《阿里与妮诺》。原著出版近 80 年后的 2016 年，英国拍摄了同名电影，制片人之一是阿塞拜疆总统的女儿。我在网上二手书店买来了小说。

故事发生的时间，大约是在第一次世界大战结束，俄国十月革命后，阿塞拜疆短暂的独立建国时期。阿塞拜疆男子阿里和格鲁吉亚女子妮诺，同样出身贵族，同在阿塞拜疆的巴库上中学，一个是贵族俄语学校，一个是贵族女校。虽然一个信仰伊斯兰教，一个信仰基督教的东正教，他们还是不可阻挡地相爱了。

故事情节简单，讲述平铺直叙，第一人称写法很难表现众多人物的复杂内心，而且偏重讲了阿里一方，妮诺一方只作串场出现。虽然整本书称不上引人入胜，但我还是通读了一遍。然而该小说真是让我大跌眼镜，而且跌坏不止一副眼镜！

首先，作者呈现的似乎是一个爱情的乌托邦故事。虽然伊斯兰教规定男人可娶四个妻子，但阿里只要妮诺一人，而且欣然同意她不戴面纱；虽然妮诺从小养尊处优，自由任性，但在丈夫落难偏僻落后的山村时，她坚持陪伴左右，以苦为乐。两边家长对两人的交往和婚事相当开明，且似乎穆斯林比基督徒更开明。对波斯后宫生活的描写，也是一种展示性的调侃，妮诺抵制阉人管家“管教”的情节，更有些让人忍俊不禁，竟然获得阿里默许和支持。文化与宗教的矛盾适度冲淡到了外人可接受的程度，不知是作者有意为之，还是阿塞拜疆这个被人称作伊斯兰世俗国家的地方，本身就具有极大包容性。

其次，内容有妄图诱拐朋友之妻的内容。阿里因家中有事无法分身，拜托朋友纳查拉尔陪妻子妮诺去看歌剧，可这朋友竟起了歹心，劫持妮诺要把她带往基督教欧洲。阿里拼命追赶，最终血刃歹人。这里，坏蛋的国籍设计耐人寻味。不是与男女主同国籍的阿塞拜疆人或格鲁吉亚人，而是与阿塞拜疆人有世仇的亚美尼亚人。让人不能不觉得，有借此“黑”一把宿敌的嫌疑。

最后，既然文化与宗教的矛盾并不是作品主题，那作者究竟想表现什么呢？我感觉，作者本意似乎是讲述一个阿塞拜疆好男人的故事。阿里对妻子有情有义，面对劫持妻子的歹徒，他毫不畏惧，英勇追杀，令同伴们惊讶赞赏。虽然阿里被委任为驻欧洲使节，可以借此离开纷乱的祖国，但他拒绝了；虽然阿里有条件有理由在敌兵到来前撤走，但他还是拒绝了。明知因实力悬殊，这是一场不可能胜利的卫国战争，他还是义无反顾，舍弃爱情和小家，为国而战，牺牲在阵地上。

醉翁之意与爱情本意

借用一句名言，是否可以说，1000 个人眼中就有 1000 个阿里与妮诺？在我看来，虽然小说主题是家国情怀，不是文化和宗教冲突，恰恰相反，明明还有一种醉翁之意，就是表现高加索地区文化、宗教、民风和民俗的绚丽多彩，表现基督教文化与伊斯兰教文化虽然存在巨大差异，但在这里相伴共生，各美其美，美美与共。正是由于小说的这一特质，同名电影才能把风光拍得雄浑壮美，把民俗拍得奇异而引人入胜，某种意义上成为阿塞拜疆的电影版世界名片。

抛开醉翁之意，回到爱情本意。

在我看来，这个雕像的创意好就好在，以物理运动的方式，具象表现了爱情的过程，把其中的人生哲理表演出来给人看。从素不相识，到相遇相爱相聚，然后像鲁迅讲的那个故事，小孩子才生下来，就有人说他会死，虽不好听，但却是事实。爱情也是这样，不管是爱得轰轰烈烈、蜜里调油，还是爱得别别扭扭、不明不白，最终都会分手。可能由于生命的终结而结束，不管当事人有多么不舍；可能由于爱情的终结而分手，不管当事人有多么怨恨。

“执子之手，与子偕老”，人类共通的爱情企盼，灵魂携身体的爱情修行，正因为世事艰辛、黑白无常，更显相知的难得、相守的珍贵。

阿拉伯倭马亚王朝的背影

在黎巴嫩东南部的贝卡谷地，有一处列入世界遗产名录的安杰尔考古遗址，是一座阿拉伯帝国倭马亚王朝时代的古城遗址，被认为是这个王朝城市规划设计的唯一留存，也是最重要的一处大规模建筑遗存。

阿拉伯人曾经长期生活在拜占庭和萨珊波斯等强国争霸的夹缝中，自然环境恶劣，政治分裂，文化落后。7 世纪初，穆罕默德创立伊斯兰教，阿拉伯半岛实现统一，在百余年的时间内，阿拉伯人从世界历史舞台的暗淡边缘走向了灯光闪耀的辉煌中央，建立起一个横跨亚非欧的庞大帝国。

自穆罕默德 632 年去世后，阿拉伯经过了四大哈里发时期，政治和宗教制度初步建立。实现大规模对外扩张，击败拜占庭和萨珊波斯。661 年，出身倭马亚家族的穆阿维叶掌权，正式开启阿拉伯帝国的历史帷幕。有种说法，阿拉伯帝国疆域比罗马帝国极盛时期还要大。

帝国分为前后两个时期，前期是倭马亚王朝，建都大马士革，历经 89 年（661—750），共有 14 位哈里发执政。因为崇尚白色，中国人称其为“白衣大食”。后期是阿拔斯王朝，建都巴格达，历经 500 余年（750—1258）。因为崇尚黑色，中国人称其为“黑衣大食”。安杰尔古城建于 714 年，正是倭马亚王朝第五代哈里发瓦利德任上。

这座古城坐落在从贝鲁特到大马士革的交通要道上，当年是一座繁华的内陆商业城市。从平面图可以看出，整座城市呈规整的长方形，四面环绕围墙，围墙四角有四座圆角楼，围墙外侧有 36 座半圆塔楼。城内一条南北向、一条东西向的大道是城市主干道，它们十字交叉，把城市分为四个区域。南北向大道两旁，美丽拱形门廊下，分布着大大小小的精品商店，有 600 多家。

城市东南部区域是大皇宫和清真寺。西南部区域是居民居住区，区内也有十字交叉的通道，只是比主干道窄了不少。东西主干道北侧，是一字排开的四座小皇宫。北部入口处左侧，是有马赛克装饰的浴室。右侧的西北部区域，也有一些居民区，可更多地看到后人多次重建的痕迹，比如在原房屋地基上建设的教堂、浴室等，甚至还可看出工业革命时代后出现的印刷机安装的痕迹。据说，倭马亚王朝垮台后这里就废弃了，整座城市只使用了 40 多年，真是可惜！

倭马亚王朝存续时间虽然不到 90 年，却是阿拉伯帝国的崛起期。军事上，阿拉伯军队所向披靡，势不可当。西面，在北非占领突尼斯、阿尔及利亚和摩洛哥，征召当地游牧民族柏柏尔人，跨过直布罗陀海峡，占领整个西班牙，又进军高卢。北面，进占拜占庭帝国腹地，三次围攻君士坦丁堡。东面，攻占喀布尔、布哈拉、撒马尔罕和印度西北部。随着疆土的大规模开拓，伊斯兰教也得以大规模传播。

政治经济制度上日臻完备，哈里发是政治和宗教的最高权威，一个重要改变是，它的产生不再是推选而是世袭制。土地制度为军事封土制，称为“伊克塔”，允许军政人员占有土地，以地租作为自己的俸禄和军饷，战时为哈里发出征。统一了币制，统一以阿拉伯语为官方语言。大马士革成为东西方贸易的重要汇聚地与繁华的手工业和商业中心。

有一点不太理解，处于上升期、扩张期的倭马亚王朝，这处古城遗址的建筑风格却少了些阳刚，多了些阴柔；少了些宏大，多了些纤细；少了些豪迈，多了些拘谨。据说王朝聘请的是拜占庭的设计师，因而呈现出罗马与阿拉伯风格相融合的特点。但是，这里给人的感觉，似乎是“阿拉伯为体，罗马为用”，虽也有罗马城市的格局严整，规划周密，虽也沿用了一些罗马建筑元素，如柱头的样式，但风格、气质上还是有很大不同。与罗马建筑相比，这里的柱更细，门更矮，拱更小，墙更薄，体现的不是宏伟豪放的美，而是轻盈空灵的美。

倭马亚王朝时期正是中国唐朝时期，大约在唐高宗龙朔年间到唐玄宗天宝年间。此间，阿拉伯帝国和大唐帝国曾发生怛罗斯之战，唐天宝十年（751），唐将高仙芝率马步兵3万名，长途跋涉三个月征讨大食，来到今天哈萨克斯坦江布尔城附近的怛罗斯，遭到大食 20 万众抵抗，唐军兵败，高仙芝仅带千余人逃脱。

此役规模虽算不上多大，却对历史走向和中亚格局产生重大影响。唐王朝在西域的统治面积东缩了百余万平方千米，许多自汉代以来就受中原王朝控制的古国，从此归入阿拉伯帝国治下。四年之后的“安史之乱”更使唐朝元气大伤，由盛转衰。然而，被俘的一万多名唐兵战俘却成了华夏文明的传播者。他们当中有一些造纸工匠，到哪儿都得靠手艺吃饭。于是就在巴格达、撒马尔罕等地建起了纸行和造纸作坊。学界有公论，认为怛罗斯战役推动了造纸术西传。

同样是与倭马亚王朝对外征战有关的好玩儿的事，即过直布罗陀海峡征讨西班牙西哥特王国。阿拉伯大军西征，本来意图是占领北非的摩洛哥、阿尔及利亚和突尼斯，没打算渡海北上。可是 710 年，大将穆萨手下一个副官，不知是急于立功还是贪玩，带着少量人马渡过直布罗陀海峡侦察，结果带回丰富的战利品，看得人眼热。第二年，就有几千人渡海打劫，同样收获颇丰，没遇到什么抵抗。因为当时西哥特王国已危机四伏，国力衰微，部队反叛。经过前两次试探，倭马亚王朝才决定攻打西哥特王国，很容易地得手了。所以，阿拉伯人应该属于“搂草打兔子”，捡了伊比利亚半岛这块地盘，并统治了 800 年。

彪悍的王朝，短命的城市，长长的背影却美丽优雅。

千堡之国看城堡

战乱时光的默默书写者

阿曼全称阿曼苏丹国，位于阿拉伯半岛，西北和西部与阿联酋、沙特和也门接壤，飞地穆桑代姆省与伊朗共同扼守霍尔木兹海峡，东北和东南面濒临阿曼湾和阿拉伯海。它是阿拉伯半岛最古老的国家之一，公元前2000年已广泛从事海上和陆路贸易活动，造船业和航海业很发达。7世纪成为阿拉伯帝国的一部分，11世纪末独立。阿曼和中国的交往也源远流长，郑和七下西洋曾两次到达阿曼；阿曼古航海家艾布·欧贝德·本·卡西姆，在8世纪乘坐双桅帆船，从阿曼北部港口苏哈尔出发，经阿拉伯海、印度洋到达广州。《一千零一夜》中的《辛伯达航海历险记》不少内容是以这位阿曼人为原型的。另外，据说葡萄牙航海家达·伽马所用舵手就是阿曼人。

第一天我们外观了皇宫附近两个葡萄牙人修建的军事城

堡：杰拉里和米拉尼。16 世纪初，葡萄牙人派兵进犯，在这儿殖民统治了一个半世纪。17 世纪中叶，阿曼人把他们赶走，建立了亚尔巴王朝。传说是得到印度商人的里应外合，商人把士兵灌醉，阿曼军队攻入城堡，端了葡萄牙人的老窝。隔着海水远望米拉尼城堡，遥想月黑风高的夜晚，醉得七倒八歪的葡萄牙士兵被缴械的场景，像电影中的情节。

1742 年，阿曼受到波斯入侵，赶走波斯人，阿曼建立了赛义德王朝，国名"马斯喀特苏丹国"。1871 年，英国军队入侵，1913 年，阿曼山区部落举行反英起义，建立"阿曼伊斯兰教长国"。英国人先是在 20 世纪 20 年代与"教长国"签订《锡卜条约》，承认其独立，使阿曼分为"苏丹国"和"教长国"两部分，后又残酷镇压"教长国"的反抗，在 20 世纪 50 年代支持"苏丹国"攻打"教长国"，最后支持"苏丹国"在 60 年代统一了全国。

阿曼号称千堡之国，城堡很多，据说有 500 多座遗存。了解了阿曼的历史，就可掂量出这些城堡的价值，它们是战乱时光的默默书写者。在国家博物馆和私人拜特祖拜尔博物馆，都看到有精心制作的城堡模型展示，招待我们的"欢送宴"甚至安排在城堡酒店举行，说城堡是阿曼的国粹应不为过。

以用途划分，城堡主要有两大类，一类是用作军事防御的，只有军队驻守；一类是土豪们用于居家过日子的，既有百姓又有看家护院的兵丁居住。

冷兵器时代的建筑杰作

第二天，我们从马斯喀特向西驱车千米，来到古城尼兹瓦，这里曾是古代亚尔巴王朝的都城，也是近现代“教长国”的首都。在现存的十几座城堡中，尼兹瓦城堡是最大的，这是一座军事城堡。它最早建于1000年至1200年，只残存一小部分，后来在17世纪下半叶，亚尔巴苏丹下令扩建，花费12年时间建成。

它的主体部分是一个圆形城堡，号称中东地区最大圆形城堡。圆堡高26米，周长37米，我们跟着导游，从底层的大门进去，沿着很陡的台阶盘旋着往上爬，据说有七道门，也就是七道防御关卡，每道都是易守难攻。有意思的是，每道门都可见窄条的铁篦子似的天窗样装置，原来是有敌来犯时，用熬得滚烫的椰枣汁从此处往下浇，阻击敌人。让人立即联想起电影《巴黎圣母院》的敲钟人，原来雨果老先生不是凭空编造，冷兵器时代各庄都有类似的高招呀！

楼梯向上走到尽头就来到一个大平台，已离地18米，小窗口放置着火炮，可向不同方向射击。这个大平台上又有大约8米高的垛墙，还可以从垛墙豁口处向外射击和投掷石块。每层都分隔出一些房间，用作居住、仓储等。问起如果被围攻人们靠什么生活，导游说会囤积椰枣作为口粮，靠几口水井汲水。

接着，我们参观了拜赫莱城堡和贾卜林城堡。拜赫莱是个长方形城堡，根据地下考古发掘，这里被认定为阿曼文明的发端地，因而列入世界文化遗产名录。城堡是用什么材料建造的呢？

导游像是看出了我们的疑问，介绍说是用特殊的“水泥”，即用椰枣树叶和泥。据我观察，有些用了土坯、碎石和砖，有些像是用土夯实而成，表面抹光。这种就地取材的方式，应是最经济又实用的办法，因此阿曼才能建成那么多城堡。

贾卜林城堡是座居住型城堡，整体呈长方形，两角有两个圆形角楼。与军事类城堡相比，更注重美观和实用，穹顶和窗棂都有美丽花纹，墙体刻有经文和壁画，甚至还有家族尊者安葬在城堡内。

阿曼城堡给我一种天然的亲近感，远望四周的荒漠和远山，若不是那些椰枣树，真恍若站在嘉峪关城头。建筑形制和材质，多是夯土垒起，木质门窗，有墙垛可对外瞭望和射击，与我国民间许多土圩子类似。而有高耸钟楼的西方石质城堡，给人的感觉则是冷峻和孤傲。

城堡的生命线：法拉吉

在尼兹瓦，我们还参观了一项阿曼的世界文化遗产——法拉吉（又译作阿夫拉季）水利灌溉系统，类似我国新疆吐鲁番和哈密等地的坎儿井。这才明白城堡里的水井都是这个系统的一部分，或说法拉吉是维系城堡的生命线。

远山光秃秃的，附近田野也没有多少植物，只有渠水汩汩流淌，渠边绿树成荫。来到一段法拉吉的地上水渠旁边，只见几个小男孩赤裸上身，在渠中打闹嬉戏。我拍了几张照片后就沿着水渠往前走，没走多远，看到渠边有一对母子，再往前看，渠中还有一对父子在洗澡，原来这是一家人。于是我比画着与他们商量，能不能让我拍两张渠水蜿蜒的照片。他们表示同意，水中的人藏起来，树下的人背过身去就可以拍了。

阿曼常年干旱少雨，多数平原被沙漠覆盖，没有常流河。因此古代先民想出开挖地下水渠的办法，利用地势的落差，将东北部山区的降水保留并引向平原，灌溉农作物，也将平原地区的降水引入地下避免蒸发。阿曼区区 30 万平方千米国土，竟有 4500 多条法拉吉，目前有 3000 条还在使用，总长度上万千米。开挖法拉吉是个技术活儿，且有塌方和溺水等危险，因此，从事这一活计的工匠很受民众尊敬。

那阿曼的法拉吉和咱们的坎儿井谁排老大？也就是说谁的历史更久呢？答案是都算不上老大，真正的老大在伊朗！世界上最早的坎儿井在伊朗的克尔曼沙河省雅雅丘遗址，开挖于公元前 840 年至公元前 410 年。伊朗波斯坎儿井已列入世界文化遗产名录，全境现有 3.63 万条，地上地下渠道总长 38 万千米。紧随其后数量排老二的是阿曼，但开挖时间要晚 200 年左右。而中国坎儿井的申遗，还在路上。

农业收成的好坏，与灌溉的时机和水量的控制息息相关，人们的衣食住行也与水源密不可分，因此，围绕法拉吉的开挖、维护、管理和共享，可说是个系统工程。阿曼人在这方面也显示了聪明才智：通过选举产生管理人员，通过类似股份制的形式筹集维修资金，用配额制即根据地块大小分配水量。具体操作上广泛使用轮流制，即设定一个时间段，依次灌溉张三李四王五赵六的地块，田里竖起木柱，按日照刻度来计算时间。还有用水的规矩：水渠露出地面后，先是生活用水区，其次是洗澡区，再次是洗涮区，最后才去灌溉农田。

有专家认为，放眼全球，从北非、西亚、中亚到我国新疆吐鲁番和哈密等地，在干旱半干旱的冲积扇边缘地带，广泛分布着以地上地下水渠和竖井组合的传统水利灌溉系统——坎儿井，更有意思的是，还与之伴生了一种传统音乐文化艺术——木卡姆。

我国新疆维吾尔木卡姆已入选人类非物质文化遗产代表作名录，同样入选的，还有塔吉克斯坦、乌兹别克斯坦、阿塞拜疆、伊拉克和伊朗的木卡姆类传统艺术（伊朗称拉迪夫）。专家认为，存在着一条坎儿井——木卡姆文化带。这就解释了为什么相距遥远的人类产生了相同的文明成果，因为他们都生活在北纬 30 度上下、相似的自然地理环境中，这一现象被称为同构性的文化地理现象。

原来如此！

最美火车线上依山、傍海、会人

斯里兰卡之旅，分别乘坐了号称该国最美火车线的两条线路，一是山地线，一是海滨线。同是火车，却有很大不同。首先是车外景致的不同，前者主要看山，后者主要看海；其次是车内氛围的不同，山地线像绅士聚集的咖啡馆，海滨线像百姓出入的大集市；最后是乘坐感受的不同，前者是与各国旅行者的礼尚往来，后者是与当地民众的摩肩接踵。

山地线火车，我们是从Nanu—Oya上车，坐到埃勒（Ella）下车，历时大约两个半小时。对照车站的显示图和斯里兰卡地图，可以看出山地线火车的运营区域是在中央省（Central）、乌沃省（Uva）和萨伯勒格穆沃省（Sabaragamuwa）三个省份内。火车在绿屏风般的山峦中穿行，有时蜿蜒盘旋在山腰，有时吃力爬上山脊。车窗外闪过的多是郁郁葱葱的茶园，许多是地势很高、坡度很陡的高山茶园，这在国内似乎不多见。空气含氧量极高，清新、湿润。满山满谷的绿色风景，前呼后拥地奔入眼帘，养眼、养心。

车站标注火车票有一二三等，我们坐的是较高等级的车厢，因为所见多是外国游客，全部对号入座，还有乘务员推着小车不时穿梭往来，售卖食品饮料。各国游客，特别是青年游客，生生把车厢变成了狂欢的大Party，时不时用各种姿势，或挂在车厢外，或立于车门边，或倚坐车窗旁，又用不同距离、不同机位拍照。我们团的影友也过足了拍西方帅哥美女的瘾。我克服了恐惧心理，学着年轻人的样子，单手举相机，另一只手死抓车厢扶手，尽量把自己往外挂，才拍到几张别人开挂的照片。与外国游客手中的武器相比，我们还是很增长器材自信的。这架势也镇住了老外，不少人主动留下Email地址，索要照片。当然我们也有充分的技术自信，不会让他们失望。

海滨线火车，我们是从卡卢特勒（Kalutara）上车，坐到科伦坡（Kolombo）下车，历时也是两个多小时。其实，从地图上看，海滨线是从马特勒（Matara）到科伦坡。为了节省时间（也像早先咱们的云南十八怪——火车不如汽车跑得快。两段火车线我们都是自己轻装上阵，中巴车载着行李驶向下一目的地，而且总是汽车先到达），我们只体验了整段线路的三分之一。确实如宣传材料所写，火车一直贴着印度洋海岸线行驶，最近处距大海只有一米，海浪像在脚下奔涌，也径直奔入人的心中。从一侧车窗望出去，像看电影胶片，慢慢放过的画面是：印度洋的宽阔海面，蓝绿色海水翻着白色浪花，高大的椰子树挺拔秀丽，树下坐着对对情侣，简陋的棚屋边晾晒着衣服。

海滨线是不分等级，不对号入座的，而且乘客数量很多，停靠站点很密，上下人流很大。虽然有点辛苦，却换来和当地百姓一起乘车的体验。和他们一起给卖艺的杂耍艺人掏零钱，一起欣赏放风筝人自制的风筝，一起给老弱妇孺让座，一起席地坐在车门边把脚伸向车外，一起用无言的目光观察和揣度对方……伴随火车的淳朴民风让人印象深刻。当地人都不拒绝拍照，有的还很配合，但并不是摆什么pose，或搞怪做什么夸张动作，只是静静等待。无论老幼，那纯净的眼神、平和的面容，让人不忍心打扰，更让已不会纯粹的我们自惭形秽。

在斯里兰卡坐火车，时光倒退了半个世纪。

他们的红皮火车、蓝皮火车，就像我们坐了多年的绿皮火车，车窗可以抬起敞开，吹进凉风的同时也吹进煤灰，车速快了，迎风坐的人往往有些吃不消。不过通过这里买东西、递行李，倒是方便又快速。本以为，坐惯了高铁的我们，再回归简陋会不适应，没想到，那慢下来的感觉很让人陶醉。

车厢里的人，孩子就像幼年时的我们，大人就像那时我们的长辈。生活并不富足，还能凑合着过；欲望不大，心里还算踏实；戴眼镜的远不如现在多，眼神远不如现在犀利，但多还清澈；生活的变化极其有限，倒也省却了应对的惶惑、抉择的烦恼。

佛国盛典，万民同庆

时时见寺庙，处处遇僧侣，斯里兰卡堪称佛国。佛教在这个国家的地位，首先从国旗上可见一斑。斯里兰卡国旗呈长方形，四周带着黄色边框，象征人民追求光明和幸福。框内左半部，是代表少数民族的绿黄两个竖长方形；右半部，是代表僧伽罗族的咖啡色长方形，中间是一头握着战刀的狮子，四片菩提树叶安放在四角，代表对佛教的信仰。

佛牙节是我们这个摄影团此行拍摄的重头戏，这就先要说说佛牙的由来和保存供奉佛牙的寺院。

列入世界遗产名录的康提古城，位于斯里兰卡中部，是该国最后一个王朝康提王朝的都城，也是该国第二大城市。传说4世纪时，一位印度王子和他的王妃历经颠沛流离，将一颗佛祖释迦牟尼的佛牙舍利秘密带进斯里兰卡，供奉在北方的圣城阿努拉德普勒。后来佛牙辗转流传到康提，供奉在皇家寺院康提寺的内殿，因而又称为佛牙寺。据说佛牙节游行的历史最早可追溯到公元前3世纪，内容主要是祈雨。到了18世纪中叶，为了让百姓共享国宝佛牙的荣光，国王决定让大象驮着佛牙加入巡游，此习俗延续至今，造就了斯里兰卡乃至全球佛教徒最盛大的节日。

白天，我们随着祭拜的人流参观了佛牙寺。寺院的外墙是洁白的颜色，人们为表庄重虔诚也多穿白色的衣服，进贡的多是鲜花。寺院内有巨大的象牙、温润的玉佛、精致的石雕木雕，还有鲜艳的彩绘，整座寺院就是一座艺术博物馆。这里还是佛牙节巡游的起点和终点，可看到晚上大象穿的霞帔都堆放在一处台子上。

我们持续两晚拍摄了佛牙节盛装游行。第一天傍晚时分抵达康提，到宾馆放下行李顾不上吃晚饭，就赶去现场。古城主要街道早已人山人海，水泄不通。一行人左突右撞，终无立足之地，只得在一个小区域内各自为战，分散游击拍摄。有人花钱买了沿街商铺的座席，有人靠公关得以最终挤进人群，我被挡在一个支线的栏杆外，生生站了两三个小时。阿弥陀佛，感谢佛祖，关上一扇门的同时又打开一扇窗——因为身后人已不多，得以近距离拍到几支在相邻街道集合的队伍。

第二天晚上本想早点到达，但因下午的游览路程较长，赶到现场还是人山人海，水泄不通。有了前一天经历垫底，整个团队沉着应对，摄影指导武老师头前开路，领队陈老师断后，这一切当然离不开地接导游大舰的带领，我们终于挤到了比前一天更好的位置——离佛牙寺不远。

听导游大舰介绍，参加佛牙节巡游的大象最多时有100多头，我们参观的这两天，每天晚上均有60多头大象参加，表演者上千人。佛牙舍利复制品宝盒安放在装有精美华盖、彩灯环绕的亭式移动佛龛内，由身着丝绒霞帔、彩灯环绕的大象驮着，缓缓前行。据说只有象王才能担任驮奉佛牙的神圣使命，前一任象王履行这一使命达40多年，死后还被做成标本纪念。除佛牙外，还有四个大象驮着的移动佛龛，代表四个守护神。移动佛龛每到一处，路边的人全体起立迎接、默拜。我们这些外国人也深受感染，被深深感动，跟着起立致敬。

游行队伍中，有举着五色佛教旗帜的方队，有举着大象、狮子等神兽旗帜的方队，更多的是杂技和舞蹈行进表演。杂技有踩高跷、耍火圈、高空抛接物、翻跟头、打地旋；舞蹈多是男女分别编队，舞者身着以红白为主色调的、漂亮的民族服装。男人多赤裸上身，包红色或白色头巾，胸前或臂膀戴着各种装饰物，有的敲鼓，有的做劈杀、拜神等舞蹈动作。女人的服饰更多样、更华丽，细看起来，她们的动作多与农活有关，例如播种、插秧、收割等，还有用簸箕翻捡谷物。伴奏的是比较简单的吹奏乐器，还有鼓和镲等打击乐器，更多时候就是靠打出的节奏维持全队的统一。虽然有路灯照明，但队伍中每隔一小段就有一名火炬手，举着长杆挑起的、用椰子壳作燃料的火炬，应是有驱邪的寓意。

整个活动动用的警力为数不少，警察给人的感觉是严肃但并不威严。他们恪尽职守，许多路边执勤的警察几小时内始终面向街边的人群站立，他们无法看到身后的游行和表演，任火把的火星和烟灰飘落满身也不躲避。对想进入隔离区的群众耐心劝阻，嗓音不高。我们还见到一个警察，把在隔离栏杆外站了很久的几个小孩拉进栏杆内，找一点儿空地坐下，但大人还是不让进的。不知这样的警民关系是怎么“共建”出来的？还有相当数量的志愿者，提供疏导群众、医疗救护等服务，看上去也都训练有素。

在斯里兰卡的一大感受就是静：人不分老幼还是男女，眼神都是纯净的；地不分公园车站还是邮局餐馆，环境都是安静的。这两天参观佛牙节游行，也强烈感受到这点。那么大场面，那么多人，听不见大声喧哗，见不到你争我抢，连孩子的哭闹声都听不到，倒是见到不少小娃娃在大人怀抱中熟睡着，而大人继续数小时聚精会神地观看游行。本来这篇游记的题目以中国式思维定为：“佛国盛典，万民狂欢”，后来想想不对，人们一点儿也不狂，一点儿也不恣肆。是欢乐的，但仅仅微笑而已，更多的是虔诚，淡定。

佛陀去哪儿了

带着恒河行船的一身露水和湿气，以及那河水搅起的翻腾的心绪，我们来到距印度东北部城市瓦拉纳西大约 8 公里的鹿野苑。这里的空气同样是湿漉漉的。

寂寥的佛教圣地

大约在公元前 531 年的一天，一位名叫乔答摩·悉达多（前 565—前 486）的中年人，长途跋涉来到这片林木茂密、烟瘴弥漫之地。在这之前，他的人生已经历了极度富足又极度贫困的境地。29 岁前，他是迦毗罗卫国的王子，父亲梵净王极尽所能给他提供了优越的宫中生活和良好的婆罗门教育，可惜，偶然的机会，他瞥见了宫外的人间苦难，从此心灵不再安宁，终至迈出离家出走的一步。

他先后拜过两位宗教学者为师，仍不能解心头之惑，又修苦行六年，形同枯槁，还是没什么结果。最后，他来到菩提树下，跏趺而坐，发誓要找到从人世苦难中解脱的学说。49天后终于彻悟，创立了佛教的基本教义。35岁得道后，他赶到鹿野苑，向父王派来随侍的五位家臣说法，初获成功。从此一发而不可收，大半生致力于讲经传法，80高龄时病逝。他被称为释迦牟尼，释迦为其种族名，牟尼意为仁、忍、寂，合起来就是释迦族的寂默贤人。他又被信徒称为“佛陀”，意为“觉者”。

与佛陀一生行迹相关，印度最著名的佛教圣地有三处，一处是佛陀得道之地菩提迦耶，一处是我们参观的佛陀第一次讲经弘法之地鹿野苑，一处是佛陀涅槃之地拘尸那迦。佛陀的出生地蓝毗尼则在今尼泊尔境内。

鹿野苑内有许多红砂岩砖砌成的圆形或方形的坐墩。有圆形的砖砌讲坛，最大一个直径大约25米。还有砖石垒起的已不见屋顶的小房间。佛陀在世时可没有这么气派的道场，据说这都是他逝世后，经国王大力护持，佛教极盛时期的产物。一个用玻璃围墙围起的小亭内，展示着几段残存的阿育王柱，没有柱头，是公元前3世纪的真迹。最高的建筑，是一座直径近30米、高20来米的砖砌佛塔，上半部红褐色，下半部灰黄色，几位参观者，在高塔下显得很矮小。

在上千年的岁月中，这些遗迹都损毁而被土石掩埋，不为人知，直到近代，才被考古发掘出来。站在较高的砖台上举目四望，还可想见当年大师弘法，听众万千；高僧激辩，昼夜不息；经文诵读，声震云霄……一派壮观景象。查资料还得知，我们在藏传佛寺屋顶上常见的双鹿侧伴八辐金轮，就与鹿野苑有关，代表着佛陀在这里的首次传法，又称“初转法轮”。同行团友中的美女，摆着打坐的姿势留影，竟然颇具佛意。不禁让人感慨，历经千年，鹿野苑仍具强大气场。

文化朝圣中的困惑

用褒义词形容，佛教教义可谓博大精深；用贬义词形容，其又是庞杂繁复的。以行外人的理解，简而言之，佛教教义主要是四圣谛学说。一为苦谛，即对世间万苦如生老病死离的揭示，以及有所求而不得也是苦；二为集谛，即说明苦的原因，苦产生于人的欲爱，有欲爱就有思念和行动，那就是“造业”，从而不免生死轮回，永堕苦海；三为灭谛，即彻悟产生苦的原因，并达到一种“寂灭”的境地；四为道谛，即达到“涅槃”而修道的途径。

我们虽不是佛教徒，但来到鹿野苑，也带着一种朝圣心理，要表达对佛陀这位丰富了中华民族精神家园的伟大智者的崇敬；还带着一种文化寻根的虔诚，梳理我们以往教育背景和生活经历中有关佛教的记忆，再次确认其丰富多彩，影响深远。

不过，实地参观和翻阅资料，也有新的发现和困惑，最大的困惑是——佛陀去哪儿了？

佛陀为何弃故土而他去

而玄奘西行和返归的627年和643年，正处于印度佛教发展第三阶段，即衰微阶段。我国最早知道印度是张骞通西域的时候，最初称为身毒，后来称为天竺、贤豆，玄奘西行之后在其著作中始称印度，从此固定下来。玄奘共在印度生活了17年，参拜各处佛教圣地，虚心拜师求教，游学四方，最后带着600多部梵文佛教经典回到长安，一生翻译佛教经论75部。他的《大唐西域记》还为后来印度人重新找到并发掘那烂陀、鹿野苑、王舍城、阿旃陀等佛教遗迹提供了依据。

以往我们主要强调玄奘把佛教经典介绍给中国人的意义，其实，他对保存佛教典籍，对佛教在本土以外的国际上的传播，同样功不可没。佛陀的学说难被故土所容而远走他乡，却得以异地保存并发扬光大，历史老人的玩笑开得可不小！

佛陀为何会舍故土而去？余秋雨先生说："人类文明的悲剧就在这里，你想说服大众，而大众更愿意崇拜那些无法说明的原始神幻；你想洗涤精神皈依上的不洁无明，人们却特别敬畏破坏之神湿婆；你想建立一种姓氏种族上的平等，人们却早已习惯了种姓制度的千年遗传和既得利益……佛教面临的这些对立面，恰恰是这片土地的自然文化生态，明知其陋劣也无法遏制。就佛教本身而言，由于一度名声太响、人才太多、待遇太高，严重陷于蹈空玄谈、概念玩弄之中，失去了刚建的生命力。"

无论佛陀去哪儿了，他的学说毕竟穿越2500年风雨，流传至今，泽被天下。与无数淹没于历史尘埃的人物相比，佛陀是幸运的，因而，我们也是幸运的。

巍巍古堡，悠悠岁月

回望印度历史，古堡是一个绝佳窗口。

印度大地上何以有众多古堡？恐怕得从印度历史的特点讲起。这片土地公元前2500年左右就出现了灿烂的印度河文明。与中国历史上大一统王朝占据大多数时代不同，除孔雀王朝（前321—前185）、笈多王朝（320—540）、莫卧儿王朝（1526—1857）等少数王朝外，印度历史上以番邦纷立时代居多，各邦国依各自财力和军事防御上的需要，构筑了数量庞大的古堡，许多保留至今，成为印度旅游的宝贵资源和重要看点。

细想想，上面的理由似乎又不够充分：在冷兵器时代，古城古堡都兼具生活和军事防御功能。不仅王公贵族维持政治统治需要，民间的豪强富户宗族聚居地维持生命财产安全也需要。我国国内知名的不就北有大院、南有土楼吗？总之，不论中外，不论官建还是民建，这都是人类前辈保生存、求发展的智慧结晶，值得后人用心解读，追思遐想。

走进一座古堡，就像走进一条时光隧道，回到古印度人的生活。

我们的印度之行，共游览了三座古堡，分别是斋普尔（Jaipur）的琥珀堡、阿格拉（Agra）的红堡和占西（Jhansi）的奥查古堡。它们均建于十六七世纪，大约相当于中国的明代后期至清代前期。据有关资料，均是印度、波斯、伊斯兰风格融合的产物。此时段正是莫卧儿王朝这个强大的穆斯林王朝统治印度时期，因此，建筑的伊斯兰风格应更为明显。不过，在琥珀堡的宫门口看到了彩画的印度教神灵象头神，看来任何外来东西都会走入乡随俗、融合发展之路！

首先看的是斋普尔的琥珀堡（1592 年始建，而斋普尔城市则始建于 1727 年），是一个邦国的都城，它坐落在距斋普尔市十多公里的一座山丘上，地势十分险要。到山脚下，只见整座淡黄色古堡倒映在蓝绿色河面上，像一块巨大的玉石熠熠生辉。骑着大象，沿山路盘旋来到山顶，过城门，进入高大城墙护卫的古堡。登上古堡二层，放眼四望，前方的田野和后方的谷地尽收眼底，后面的群山上还有古堡城墙，像一座巨大屏风镇守退路。好一座与山水浑然一体、气势巍峨的建筑！

这里有与中国建筑相似的石质斗拱、石栏等建筑构件，更有印度建筑特有的圆拱形凉亭、伊斯兰式券拱和围墙垛口等。雕刻、彩画、镶嵌等工艺，都非常细腻、精美。镜厅的墙上镶嵌着无数宝石和镜片，据说这里曾是国王的寝宫，想象夜晚他拥着美人儿，在烛光摇曳、满室星光璀璨中入睡，该是何等惬意！柱厅的大理石立柱，底座和上部都雕成莲花形，立柱往上有收分，上部承接马蹄形券拱，比例匀称、协调。不过，那马蹄形券拱，与我此前在西班牙看到的摩尔人伊斯兰建筑又有变异，不是一根弧线，而是做成了花瓣形，别具装饰性，甚是优美。

古堡的内部通道曲折蜿蜒，好似迷宫。导游带着我们来到后宫一个长方形大庭院，中间是一座供嫔妃们歌舞娱乐的四方形凉亭。四周围着的二层楼房中，住着国王的十二位嫔妃，有通往每人住室的独立楼梯。据说，由于这些独到的设计，嫔妃们各安其室，有和有分，中外都难摆平的后宫争斗似乎在此不成问题。庭院地面有一些蜂窝状通气孔，底下就是死囚犯牢房。正是：佳人忙争宠，死囚独低泣。

接着看的是阿格拉的红堡。阿格拉曾是莫卧儿王朝的都城，在 1565—1574 年，该王朝的阿克巴大帝主持修建了这组宫殿兼城堡的建筑。红堡外墙用红砂岩建造，雄浑厚重，堡内建筑也都体量巨大、用材考究，彰显皇家气派。例如，国王和他的宰相（不好意思，没听清在印度这个官职叫什么，姑且用中国称谓吧）论策，各自坐的黑白大理石座位体积硕大；这儿的斗拱比琥珀堡体量更大、层次更多；对比琥珀堡精美的柱厅，这儿的觐见厅也给人失之过大的感觉，在政治性和实用性上得分，难免在审美性上失分了。考究的室内喷水池，雕刻极精细。大理石立柱上镶嵌的宝石，虽大部分已被抠去，但仍能让人遥想出当年的奢华。

参观阿格拉红堡，最引人感慨的是两段史实。

一个是莫卧儿王朝第五代君主沙贾汗，晚年被亲生儿子囚禁于此，郁郁而终。这个沙贾汗，就是为实现爱妻遗愿，不惜遍寻世间宝物修建泰姬陵的痴情皇帝。至于他的儿子奥朗则布此举的原因，资料上是众说纷纭。有的说是老皇帝连年征战，又大兴土木修建泰姬陵，完了还要给自己修陵，国家财力不堪重负，陷入崩溃边缘。也有直指此事是篡位政变。奥朗则布是第三子，没有法定王位继承权。为实现执掌天下的梦想，采取了杀兄弑弟、囚禁父王的武力手段。在讲究因果报应的印度人看来，这是否是偶然中的必然？因为当年沙贾汗正是通过杀死储君弟弟篡得王位的，故晚年遭此报应。在红堡的八角塔楼中，他每天遥望远处亚穆纳河对岸，看泰姬陵在晨光暮霭中的华丽变幻，想必内心备受煎熬吧！

另一个是英国殖民者对待占领地文物的傲慢无礼。红堡中原有一个很大的鱼池，相传皇帝和皇后对坐两边比赛钓鱼，每次总是皇后取胜。因为她的注意力专注在鱼，而皇帝却只顾看她了。1600 年，英国侵入印度。1757 年，印度沦为英国殖民地，英军征用红堡当兵营，这个鱼池被填平做了操场。还有更过分的，英国总督十分喜欢这座城堡，表示死后要在此安葬，居然也就堂而皇之地实现了。栏杆围起的雕刻精美的石棺，怎么看都像雪白皮肤上的一块牛皮癣，令人生厌。

奥查古堡在三座古堡中体量规模最小，但我个人最偏爱此堡。

一是因为它保存了大量精美壁画。这些壁画多数是反映宫廷生活的，也有关于宗教神话传说的，据说用的都是天然颜料，历经数百年仍鲜艳如初。据专家评论，这些画作是印度绘画史上本德拉派成熟时期的作品。

二是它设计最精致，布局最紧凑，妙在一切恰到好处。在16世纪中叶至18世纪中叶，这里是印度教本德拉·拉其普特邦国的都城。古堡中体积较小的宫殿是国王自己居住的，较大的宫殿是为迎接莫卧儿王朝第四代君主贾汉基而专门修建，就是上面提到的修泰姬陵的沙贾汗的父亲，结果据说贾汉基只在此住了几天。建筑格局基本是围成正方形庭院，四周是三层楼房，每层房间外都有回廊贯通，古堡顶部是兼具印度教和伊斯兰教风格的圆拱形顶楼。为贾汉基建的宫殿中央还有一个方形沐浴池和四个八角形小池。

三是它更多保留了原始风貌，最显古朴沧桑。也可能是参观时间正是下午接近傍晚，夕阳照在斑驳的墙壁上，照在古铜色的门窗和围栏上，照在周围田野里残破的旧建筑上，让人心中不禁升起日暮途穷的悲哀，辉煌不再的伤感，物是人非的慨叹。

喜马拉雅雪山日出

几次到欧洲旅游，在奥地利因斯布鲁克夜宿曾经的冬奥村；在瑞士境内，登上了雪朗峰和铁力士峰。都算是同阿尔卑斯雪山有了亲密接触。而印度尼泊尔之行，又与世界最高的雪山山脉有了亲密接触。

据说喜马拉雅在梵语中是“雪域”的意思。喜马拉雅山脉横亘在中国的西藏高原和印度次大陆之间，分布于中国、巴基斯坦、印度、尼泊尔、锡金、不丹等国家境内。东西长约 2500 千米，南北宽 200—400 千米，总面积约 594400 平方千米。

喜马拉雅山脉从南往北，有四条并行的、南北走向山带，分别为：外喜马拉雅山、小喜马拉雅山、大喜马拉雅山和泰迪斯喜马拉雅山。喜马拉雅山脉从西向东，又分作三个部分，即西部、中部和东部。在尼泊尔境内的喜马拉雅山脉，应属于大喜马拉雅山和喜马拉雅中部地区。大喜马拉雅山是喜马拉雅山脉的骨干部分，耸立在永久雪线之上，拥有七座海拔 8040 米以上的高峰，包括世界最高峰珠穆朗玛峰。

对比喜马拉雅和阿尔卑斯这东西方的两处雪山，感觉它们有很多相似之处：景色都圣洁壮美，空气都纯净清新，雪山附近居民的生活都祥和宁静。那差异呢？给人的感觉也很明显：西方雪山借助缆车登顶，体现现代技术，体现征服感，是“一览众山小”。东方雪山只是仰视朝拜，体现原始生态，体现敬畏感，是“高山仰止”。

我们在尼泊尔境内观看雪山日出，看的是鱼尾峰（6993 米），还有就是上述七座山峰之一的安纳布尔纳第一峰（8078 米）。有意思的是，虽然从高度上来说，鱼尾峰并不具优势，但当地人似乎更偏爱它，视它为神山，禁止人攀登，在登山产业作为重要外汇来源的尼泊尔，它至今是一座处女峰。而且由于观看角度的关系，我们看到的鱼尾峰似乎与安纳布尔纳第一峰一般高，甚至个头儿更猛一点，景色当然也最迷人。

一月中旬的一天，根据旅行社的安排，早晨五点叫早，五点半从住宿的博卡拉格兰德酒店出发，先是在谷地开行，接着沿盘山路上行，六点前到达海拔 1500 多米的萨兰廓特，天还黑着，据说这里是博卡拉观雪山日出最好的地方。下车后借路边早起做生意店铺的微弱灯光爬一段坡，来到相对开阔、筑有围栏的观景台。

前方山谷是星星点点、越来越多的灯光，颇似一幅“疑是银河落九天”的画卷。6 点 20 分，湛蓝的天穹之上，隐约露出雪峰白色的身影，宛若披着白纱的新娘，从蓝色幕布后现身，款款前行。随着天色微明到大亮，蓝色幕布渐渐收起，山谷中的河流和建筑物慢慢清晰，像是新娘衣裙上缀满的花饰。

我们面向北方，迎着雪山站立，右手这边是太阳升起的东方。因此，从严格意义上说，我们观赏的雪山日出美景，不是看太阳从雪山身后升起，而是看太阳升起过程中雪山变幻的景致。6点35分，东方现出一条粗粗的红线。7点起，新娘头顶的白纱撒上了金粉。7点零7分，太阳从东方的群山中跃出一点身影。接着，像是奏响激越欢快的结婚进行曲，橙黄色的金粉如瀑布般快速下泻，铺满新娘的全身，婚礼达到最高潮。7点20分，婚纱复归白色，主持人该宣布婚宴开席了吧！

午后，我们在博卡拉的雪山湖泊费瓦湖上泛舟，清波荡漾，微风拂面，金光点点，潋滟层层。湖边有大片草地，孩子们奔跑着追逐皮球，情侣们依偎在林间。远处还能见到一会儿云雾缭绕，一会儿清晰无比的雪山。在博卡拉谷地，似乎举头即可望见雪山，随时随地都可感觉雪山的存在。夕阳映照的雪山同样十分迷人，以致到了集合时间，导游再三催促，我们仍拿着相机不断“咔嚓”。

以前对尼泊尔的印象都是雪山佛国，这次看资料，方知这种说法不够准确。尼泊尔人口约3059万人（2023）。网上有朋友转发一篇尼泊尔游记，题目是《修行在神与佛的谷地》，感觉此说法不错，我也借用一下。在这个神与佛的国度，雪山带上了神与佛的印记，雪山下人们的生活，也充满神与佛的气息。见到的人，不论老幼，都透着平静，不急不躁。

同样的事物，换个角度、换种视界，又有不同的风景。在尼泊尔境内飞行时，在从印度进出尼泊尔的飞行时，透过飞机舷窗，俯瞰连绵起伏、广袤无垠的喜马拉雅雪山，如滚滚灰褐色、白色波涛翻腾奔涌，心中跟着涌起阵阵悸动。

一方水土养一方佛

在尼泊尔的加德满都，我们参观了两处佛寺，一处是号称世界最大的半圆形佛塔——博达哈大佛塔，一处是据传已有2000年历史的斯瓦扬布拉寺。天公作美，两处都阳光灿烂，万里无云，雪白的塔身，金色的塔顶，五彩缤纷的经幡，映衬在湛蓝的天空下。

勾人魂魄的大眼睛

俗话说：一方水土养一方人。到过这两处佛寺后，心中自然而然冒出个想法：一方水土养一方佛。

对于佛教的塔，我们并不陌生，在北京城内，可称无数次从北海公园和白塔寺的白塔前经过。在藏传佛教地域，去过青海的塔尔寺、甘肃的拉卜楞寺，因而对佛塔的形制不说烂熟于心，总可说是习以为常了。

佛塔最初是掩埋佛和僧尼遗体、舍利的圆冢，后来也供奉安置经文、法物等。在象征意味上，佛塔有一整套的含义，每个组成部分都代表通往圆满之路的某个具体方面。塔基为称作“狮座”的多阶方座或勒脚（底座）。“狮座”上有一个塔状半圆形（用佛教术语应称为覆钵形）拱顶，一个方形佛龛和带有十三层“伞轮”的塔尖及莲花伞状顶饰，再上面是月牙和太阳圆盘及滴焰。

来到博达哈大佛塔前，感觉它还是基本遵循着佛塔的形制，但是在各部分比例上做了大胆的夸张处理，主要是把上述那个半圆形拱顶的直径加大了许多，当然方形基座尺寸加大得更多，而方形佛龛部分和带十三层“伞轮”的塔尖部分，并没有加大多少，成了一种“小脑袋”“大躯干”的造型，具有超强的视觉冲击力，更添神秘感和神圣感。

更勾人魂魄的，是在方形佛龛部分，四个垂直立面画上了四对大眼睛，面向四个方向，代表着无所不见、法力无边的意思。这是我们在国内没有见过的，应该算尼泊尔佛塔的特色，或说是尼泊尔这方水土养育的佛的特色吧！对于真心诚意修身养性的信徒，可以从这眼神中感受佛的怜爱和关照；对于干了坏事的恶人和犯了错误的糊涂人，这眼神中分明传达着惩戒和劝告。直观、生动，不禁让人佩服尼泊尔人的想象力和创意力。应该是这里僧侣、艺术家、工匠们集体智慧的产物。

这里的佛寺颇有地球村的感觉。在博达哈大佛塔下，见到一些白皮肤、蓝眼睛的外国人，与本地人并肩而坐，读经、冥想。在斯瓦扬布拉寺一间不大的庙堂外，听到一阵宛若天籁的无伴奏歌声，循声入内，像是一位韩国或日本女子，席地而坐，很用心又很享受地歌唱着。若不是急着去集合，真想多听一会儿。

一方水土养一方佛

旅行社发的行程资料中介绍，在斯瓦扬布拉寺，僧侣们养着很多猴子，因此该庙又称为“猴庙”。尼泊尔导游笑果，多次对这个说法郑重予以纠正：“不是‘猴庙’，是‘有猴子的庙’。”起初，团友们听着他像说绕口令，都笑了，再细想想，感觉他说得有道理。佛寺，意思是供奉佛的寺庙，关公庙，应是供奉关公的寺庙，以此类推，猴庙应是供奉猴子的寺庙。而这里是佛教寺庙，供奉的是佛陀而不是猴神。纠正得非常对！说着母语，还出低级错误，人家没出国门学的中文，能达到这样的理解和表达程度，让我们汗颜啊！

“80 后”尼泊尔小伙笑果，30 出头的年纪，1 米 78 修长的身材，永远带着迷人的微笑，说话做事极有耐心，穿时尚品牌 The North Face 的冲锋衣（不过很朴实地告诉我们，那是仿冒产品，便宜），职业是导游兼瑜伽教练。学识也很不错，一路上听他讲了许多，有对佛教教义的理解，有对人生的感悟。比如，“人生总有各种不完美、不如意，不管你接受不接受，它都是客观存在的，所以，要学会接受”，“人离不开朋友，需要合作，否则无法生存”，“每个人是个小我，整个世界、宇宙是个大我。瑜伽是联系小我与大我的桥梁。修持就是使小我与大我沟通直至融合”，“无欲无求就是‘涅槃’”。

一问笑果，他本人信奉的不是佛教而是印度教！想起来了，他在解说中多次提到，在他们这儿，“两种宗教是混在一起的”，也就是有许多融合。的确，在斯瓦扬布拉寺，我们见到的好像是印度教的塔、印度教的石刻，甚至在庙堂内，看到佛的大眼睛似乎是和印度教的神灵被一起供奉着。

笑果长着一双很特别的眼睛，怎么看都觉得与佛塔上佛的眼神有几分相似，不对，说反了，有谁真见过佛？佛塔上佛的眼睛一定是照着尼泊尔人的眼睛画出来的——呵，一方水土养一方佛！

落日余晖访吴哥

跨越时光的战栗和永恒

“在看见塔尖的一刹那，我的心在战栗，此时，你除了能够怀着敬畏的心情默默凝视外，你没有办法再组合一个词去赞美这建筑史上奇妙的景观”，“世界上再没有别的东西可以和它媲美了”——这是法国人亨利·穆奥见到吴哥窟的最初感受，时间在1860年。他本为收集蝴蝶标本而来，却邂逅了淹没几百年的庄严。他的旅程，先是乘坐湄公河小船到洞里萨湖，又徒步5天穿越莽莽森林。

奇怪的是，160年后的今天，我们对照着柬埔寨国旗上的图案，沿着平坦的公路，乘着宽敞的旅游大巴，没有任何悬念，建筑周围的树林早已不是原始森林，还有人声鼎沸、车辆云集。当我手脚并用攀爬七八十度陡的楼梯，登上代表天界的最高层，仰望塔尖的一刹那，心中的感受同样是战栗！所能做的也只有怀着敬畏的心情默默凝视。

能跨越时光让不同的人感觉战栗，就该称为奇迹、称为永恒吧？也许，不管什么物质条件，人都需要清空，才能接受幸福；也许，不管什么信仰，人都需要朝圣，才能确立尊严。

在别的吴哥古迹参观，首先吸引人的往往是精美的雕刻，在这里，我首先被它的宏伟格局和体量惊到。三层台座，每层都有宽大的方形回廊，回廊壁上有精美浮雕，石质窗棂根根经过精雕细刻，回廊上顶都有石料覆盖。田字形回廊环绕的中间无顶部分形成庭院，有石阶通向回廊。在最高一层即第三层，中间一座主塔，四角四座角塔。往下可远望四方的田野树林，往上要使劲仰头才能望到高耸的塔尖。塔尖向上做圆滑弧线状收缩，如莲花的花苞。优美至极，庄严至极。

除了体量，吴哥窟整座建筑的布局也极为均衡、对称、严整，感觉与中国古代建筑的讲究很有异曲同工之妙。然而，几座塔的造型明显具有印度教塔形的特点。

广义和狭义，时间和空间

没去柬埔寨之前，对吴哥的概念是零碎又模糊的，矛盾又不确定的，它似乎是座寺庙，似乎是座城市，似乎是个朝代，又似乎是种文明……经历了行程中的种种新奇与震撼，又将各方面信息、资料加以梳理，自我感觉脑海中吴哥的印象鲜明了起来。

吴哥（Angkor）一词，源于梵语“Nagara”，意为“都市”。我以为，吴哥有广义和狭义之分。狭义的吴哥，就是指吴哥窟，又称吴哥寺，即印在柬埔寨国旗上、成为国家象征的宏伟寺庙，又是世界上最大的寺庙。

广义的吴哥，可从空间和时间两个具体方面及引申义方面来理解。从空间来看，可分为大小吴哥，小吴哥就是吴哥窟，大吴哥就是以巴戎寺为中心的大吴哥城又称通王城，再扩大开去，则是泛指分布在大约200平方千米范围内，既包括大小吴哥，又包括女王宫、崩密列等古建筑及遗址在内，一个庞大的古代柬埔寨城市、宗教建筑遗址群，也可指9—15世纪作为高棉帝国都城的整座城市。从时间来看，它指从802年至1432年的古高棉帝国的一个朝代，即吴哥王朝，延续600多年，共传承25位君王。从引申义方面来看，它代表一种建筑范式、一种艺术风格、一种文化模式，也是一种文明样貌。

高棉民族是柬埔寨人口最多的民族。据美国著名学者布里格斯的研究，古高棉帝国可分为三个阶段，第一阶段是扶南时期（1世纪至550年），相当于中国东汉末年至南北朝中期；第二阶段是真腊时期（550—802年），相当于中国南北朝中期至唐朝后期；第三阶段是吴哥时期（802—1432年），相当于中国唐朝后期至明朝中期。

吴哥时期是古高棉帝国发展最鼎盛时期。16世纪时国名改称柬埔寨。现在许多人引用的元朝使者周达观的《真腊风土记》，记述的是他1296年到吴哥城的亲历亲闻，8500字的篇幅，被后世研究者当作珍贵的第一手资料。实际上他看到的就是吴哥时期的风土人情。那时的高棉帝国比现在的柬埔寨疆域要大得多，统治着中南半岛南部及越南和孟加拉湾之间的大片土地，作为都城的吴哥居住着至少 100 万居民。

古高棉人造出了心中天堂的模样

吴哥窟是由苏耶跋摩二世在 12 世纪上半叶修建的，当时是为供奉印度教的守护神毗湿奴。当然，这里供奉的神灵也经历了历代吴哥王信仰的转变，由印度教转为大乘佛教，又变为小乘佛教。但万变不离其宗，前后历时 70 年，动用 1500 万人次的劳动力，开凿几十亿吨的石头，究竟为哪般？回答应该是：体现天的高远、王的威仪，象征君权神授。第三层平台的五座尖塔，代表神话中的须弥山，也就是印度教和佛教神话中的众神之家。四周的护城河代表海洋，簇拥着须弥山这个宇宙中心。国王生前在这里供奉和祭拜神灵，死后就葬在塔里，期待最终肉身化为神体。

吴哥窟四周有宽达 190 米的护城河，进入外围回廊的拱门，有四五百米的砂岩甬道，道两边的石栏杆是七头蛇（达迦）的造型。吴哥多数建筑前的甬道上都可见到它的身影。有学者认为，它的功能相当于中国古代建筑前的华表，是统治者权力的象征，也是民族尊严的标志。五座尖塔最高的有 42 米，连同下面的建筑部分，总计高达 65.5 米。匍匐着才能爬上台座的最高一层，但塔尖还遥不可及。通过层层屏障、处处迂回，仿佛穿越千百年的时光去拜见神灵，很可能还伴随仪式感很强的礼节，自然使子民们臣服，使王权不容怀疑。国王自己也更有底气相信，自己是沟通神界与凡界的唯一代表。

智慧的古高棉人，令人折服的古高棉建筑艺术，成功地在一马平川上建造起了一个需急急赶路、苦苦爬高，最终方能到达的神仙世界，一个充满神秘感、距离感和圣洁感的心灵天堂。也用这座宏伟建筑证明了他们强大的生命力、无穷的创造力。

说来也巧，参观快结束时正值夕阳西下，晚霞满天。可是因吴哥窟是坐东朝西的建筑，要拍摄晚霞，就拍不上建筑，要拍摄建筑，就拍不上晚霞。这可咋办？急中生智，想到用二次曝光技术，把东西两边的景致叠加在一起。试了几张，效果不错。如梦如幻，虚无缥缈，宛若海市蜃楼、仙山琼阁。这应该更接近古高棉人心中的天堂模样吧！

千百年的风雨带走了往事，尘封了历史，只有不胜唏嘘。但令人诧异的是，古高棉的气场犹在，吴哥王朝的风韵隐存。这里的和尚，不论老幼都很禅；这里的美女，不论中外都很仙；这里的孩子，不论男女都很乖；这里的老人，不论贫富都很暖。

进入了吴哥窟的拱门，犹如进入理想的天国，人人气定神闲，平和而安宁，仿佛忘却了身边的烦恼，放下了心中的纠结。这大概就是心由境生吧？这大概就是建筑美学的价值和影响力吧？

土耳其孔亚，苏丹哈尼古驿站

格鲁吉亚巴统，会“穿越”的雕像

阿曼，尼兹瓦城堡

黎巴嫩，世界文化遗产安杰尔考古遗址

尼泊尔加德满都，世界文化遗产博达哈大佛塔

尼泊尔博卡拉，日照鱼尾峰

斯里兰卡，坐火车的祖孙俩

斯里兰卡康提，佛牙节上盛装的大象

印度斋普尔，琥珀堡柱厅

柬埔寨暹粒，世界文化遗产吴哥窟（多重曝光拍摄）

吴哥窟行走的美女

吴哥窟年轻的僧侣

英国，伦敦塔桥

英国，剑桥大学国王学院教堂

希腊，圣托里尼岛教堂

英国爱丁堡，亚当·斯密墓碑

英国利物浦，世界文化遗产艾伯特码头画速写的老人

英国，剑桥大学王后学院数学桥

爱尔兰都柏林，健力士黑啤展览馆

北马其顿奥赫里德，圣约翰教堂，影友李老师拍摄

希腊，世界自然和文化双遗产迈泰奥拉修道院群之一

西班牙格拉纳达，世界文化遗产，阿尔汗布拉宫的浮雕

波兰，世界文化遗产维利奇卡盐矿盐雕

俄罗斯伊尔库茨克，喀山圣母大教堂

维利奇卡盐矿工人发明的伞式支撑结构

俄罗斯新西伯利亚，下令修建西伯利亚大铁路的亚历山大三世铜像

与常年值乘 K3 列车即将退休的模范警官章赫合影，记者武老师拍摄

美国，世界自然遗产大峡谷国家公园

美国，旧金山金门大桥

美国，世界自然遗产黄石国家公园大棱镜热泉

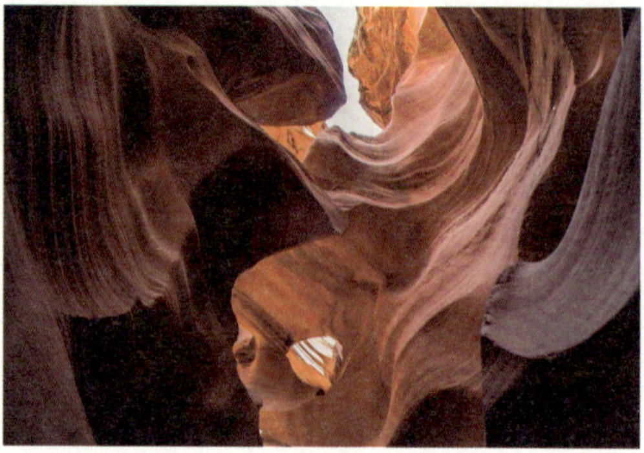

美国，羚羊峡谷彩穴

古巴，海明威生前常光顾的小渔村，有座漂亮的小古堡

美国拉斯维加斯，酒店屋顶纯手工制作的几千块花玻璃

玛雅太阳历石刻，原本刷满代表人血的红色

墨西哥，世界文化遗产奇琴伊察古城中的库库尔坎金字塔

墨西哥国家宫中庭

墨西哥首都墨西哥城，国家宫墙上是里维拉创作的巨幅壁画

墨西哥，世界文化遗产瓜纳华托古城

墨西哥街头乐手

巴西，亚马孙河流域印第安人居住的棚屋

巴西马瑙斯，殖民者留下的百年歌剧院

阿根廷，在古农庄看民间艺人表演探戈

埃及卢克索，在热气球上俯瞰世界文化遗产底比斯古城遗址

埃及，吉萨金字塔群，其中胡夫金字塔被联合国教科文组织列为全世界重点保护文物之一

埃及卢克索，卡尔纳克神庙

摩洛哥，世界文化遗产非斯古城中的皮革染坊

突尼斯，世界文化遗产艾尔·杰姆古罗马竞技场

摩洛哥，蓝城舍夫沙万

摩洛哥马拉喀什，伊夫·圣洛朗花园

摩洛哥，世界文化遗产沃鲁比利斯古罗马遗址

沙漠中的阿拉伯“老司机”

澳大利亚悉尼，世界文化遗产歌剧院与海港大桥

澳大利亚，从高空俯瞰世界自然遗产大堡礁的一座小岛

澳大利亚，十二门徒岩

澳大利亚，最美大洋路

自然力与人力的毁灭同样惨烈

行走吴哥古迹间，天才的创意、宏伟的建筑、精美的雕刻和浩繁的工程，都时时给人巨大震撼。同时，那倒塌的庙宇、残破的雕像、大片的废墟和遍地的石块，又时时让人痛惜和心生隐忧。

最典型的景点就是崩密列。它距离吴哥核心区大约 40 千米，是一处原样保护、未做修复的最大一片吴哥古迹群。在遮天蔽日的浓荫下，跌落的石块还待在它最初跌落的地方，倾斜的石柱还任由它倾斜，只在非加固不可的地方予以加固。最大的工程就是搭建了人行栈道，让游客得以近距离看到它的样貌。

在自然力面前，再精巧的人工也不堪一击

从平面图来看，这个寺庙与吴哥窟近似，由大量优质砂岩石料砌筑而成，呈四方形规整布局，有三层回廊环绕，规模宏大。与吴哥窟不同的是，它没有大幅抬高的台座，基本是在平地上搭

建。还有与吴哥窟不同的是，人们至今不知道是哪位国王修建了它。近些年来，较多数专家的意见认为，崩密列的建造年代应在吴哥窟与巴戎寺之间，也就是说，它同样是吴哥王朝最鼎盛时期的建筑杰作。

在废墟间高高低低、曲曲弯弯的栈道上穿行，想起鲁迅先生那句名言："悲剧将人生的有价值的东西毁灭给人看。"巧合，这是先生在论述雷峰塔倒掉时说的话，如今，我们在异域看一个同样倒掉的巨大寺庙。

由于建筑的坍塌，让后人很容易探查到前人高超的技艺。古人用什么方法建造了这宏伟建筑？用什么方法将各个石质构件贴合连接？始终是后人想寻求的秘密。在这里，眼见为实，我们清楚地看到，古高棉工匠熟练运用了榫卯结构。例如，甬道上的那迦蛇身上面有凹进的孔洞，下面支撑它的小墩子，有凸起的圆钮。在巨大的立柱上，有打磨得方方正正的孔洞，想必是为安装石质横梁准备的。还有许多长构件，在接触表面开凿了凹凸相对的浅槽，两两相对叠合在一起，就能咬合得非常紧密，专家说这种方式称为"磕绊"。还可看到用错位叠压的方式砌起的拱洞。

然而，所谓人算不如天算，这么巧妙的设计、这么紧密的连接，在时间的长河中、在自然力的摧枯拉朽面前，都那么软弱无力、不堪一击。不由人不对自然力心生敬畏，不由人不收敛贪欲与狂妄。

让寺庙坍塌的另一"罪魁祸首"，就是榕树类植物。树木一般是根系扎在土里，树干向上生长，土里的根系壮大了，会在建筑物底部隆起，拱塌建筑。奇怪的是，这里随处可见被树根覆盖、包裹而变形的建筑，有些树像是长在建筑物顶上。原来，榕树有一种奇特的气根，它从树干、树枝上长出，可以吸收空气中的水分和养分，然后往下长，或抓附在其他树体或建筑物上。气根入土生根，地上部分就长成树干，抽枝长叶。用这种奇特的繁殖方式，榕树攻城略地，独木即可成林。

榕树堪称热带雨林中的江湖老大，看似不显山不露水，但一根根气根就是一把把温柔的尖刀，缠酥了建筑物的筋骨，切断了建筑物的皮肉，摧毁了建筑物的魂魄，古高棉辉煌庄严逃不脱的宿命就是轰然倒地，只看时间的早晚。

战争是愚蠢的政治，最害人的政治

崩密列入口处的道路旁边，竖着一块蓝色的标牌，导游小林招呼大家聚拢到标牌前，给我们读出上面的文字，原来，标牌提示，这里是地雷区，已挖出 438 颗地雷，还有 809 颗没有挖出，请大家注意安全，不要偏离道路。

想起这一路的景点，到处可听到一种音乐，在一个简易棚子下，坐着五六个艺人，或吹或拉或弹，音乐类似我国南方的丝竹乐，很好听。近前发现，这些人有的眼瞎，有的无腿，有的无臂，都是遭受地雷伤害的幸存者，以演奏换得游人施舍。

导游介绍，柬政府为整肃乞讨乱象，有法律规定，游人不得向小孩子施舍钱和糖果，我们大部分旅友都非常赞成。因为孩子们今后的路还很长，必须学会自立和自强。但看到这些战争受害者，我会立即掏腰包，直到再也没有零钱可掏，直到听见那种音乐就心悸，不自觉躲着走。孩子们是花朵、是朝阳，还会有未来；可这些被战争、被地雷毁了的人，还会有未来吗?

与自然力的毁灭相比，战争这一人力或称人祸的毁灭，同样惨烈，同样触目惊心。有名人说，战争是最高形式的政治，那是高高在上的政治家或统治者玩的政治。从百姓的角度看，那是愚蠢的政治，是最害人的政治。

柬埔寨是世界上受地雷祸害最严重的国家之一，据联合国扫雷部门估计，战争遗留下大约 400 万颗地雷和其他未爆炸物。埋雷最密的地区是西部、西北部和中部省份，平均每 20 平方米就有一颗地雷，在交通要道和水源附近，每 5 平方米就有一颗。在柬埔寨，每 100 人中就有一人被地雷炸死或炸伤。

路漫漫其修远兮，战争受害者们等得太久。多拖延一天，不知又会增加几多受害者!

人类埋下的苦果，全人类不可逃脱地需要共同面对。直到现在，国际社会还每年提供 2500 万至 3000 万美元援助，用于在柬埔寨的排雷行动。近些年，柬埔寨也加快了排雷的进程。有报道称，只 2017 年一年，就清除了 4 万颗地雷，覆盖面积达 8636 公顷。2018 年 5 月，在柬埔寨首都金边召开的排雷行动会议上，首相洪森表示，柬埔寨计划于 2025 年完成战争遗留地雷的清除工作。期限逐渐临近，期待任务能如期完成。

“高棉的微笑”俯瞰遍布二手货的国度

谜一般的微笑，谜一般的国王

“高棉的微笑”石刻享誉世界，它是巴戎寺的主体建筑，坐落在通王城即大吴哥的中心。巴戎寺内有 49 座（也有说 54 座）巨大的石塔，塔上雕刻着四面佛的头像，头顶莲花，大耳圆鼻厚唇，眼睑低垂，嘴角微翘，展现着迷人的微笑。有研究者称包含了佛教慈悲喜静四种情绪。我的直观感觉，这些高棉的微笑是平和、恬淡和满足的微笑。

特别的是，这些四面佛最高的有 45 米，最矮的也有十几米，塔与塔的间隔，小的只有五六米，组成了一个密集的佛头森林。彼此关照着、诉说着，也仿佛一起涌来要与你贴面、与你诉说，进而要闯入你的心中，给人的冲击力和震撼力非常强烈。

四面佛展现了古高棉工匠高超的雕刻技艺，令人叹服。我国著名雕塑艺术家、中国美术馆馆长吴为山先生评价道：“其雕刻手法注重体、面、线三者的协调。体，重圆润和厚实；面，求滑畅与饱满；线，尚悠游与流韵。”

巴戎寺的修建时间比吴哥窟稍晚，是在阇耶跋摩七世当政时期，据说这些四面佛的相貌就是以他的相貌为蓝本的。有着谜一般微笑的国王，同样有着谜一般的身世。他本不是嫡传继位，40 岁前多年居住在邻国占婆，有人估计是做人质。后返回国内，在抵抗占婆入侵者时显露了勇猛和才干，以五年时间打败敌人，也扫清了国内政敌，最终在 1181 年君临天下。登基时已 60 岁高龄，驾崩日期不详，据估算享年近百，是吴哥王朝最年长的国王。

阇耶跋摩七世信奉佛教，将政治的强权和佛教的悲悯融合在一起，被认为是吴哥王朝最有个性和变革性的国王。当政期间像是和时间赛跑，完成了大量建筑工程，其中有公共设施，如道路、桥梁、医院、水库、旅舍；有纪念自己父母的寺庙，如圣剑寺和塔普伦寺。还有这座自己的庙山巴戎寺。寺中不仅有象征神性和王权的四面佛头像，也有反映世俗生活的雕刻壁画，例如，杀猪卖肉的小贩、包粽子的乡民、斗鸡的赌徒……

他修建的一座医院的碑铭中写道：“但愿我能借助这种善行，把所有陷入苦海的人拯救出来，但愿我以后的各代高棉国王，也能追求这些美德……同自己的妻子、臣僚、朋友一起，到达不再是疾病横行的圣土。”

微笑也有苦涩时

高棉民族确实是个爱笑的民族，旅途所见，无论男女老幼，脸上多带着笑容，不是那种开怀大笑，而是浅浅的、淡淡的微笑。当然，微笑并不能解决所有问题，我们见到的，许多可能是苦恼人的笑。

地接导游小林，一位很苗条的姑娘。她汉语水平不错，还很有喜感，许多话她不笑，却引得我们笑，且越琢磨越想笑。例如，关于二手货。

她说，有的游客说柬埔寨是个二手货的国度，这话一点不假，一般老百姓太穷，能用二手货的，绝不会去买一手货，包括衣服鞋袜这些日常小用品。二手货多放在地摊上卖，也有例外，比如衣服，一些挂着的也是二手货。请大家留心，不要大老远买回去才发现。听说全体团友的手机都是一手货，而且换了几部都是这样，她禁不住感慨：“你们真有钱啊！”

小林时时不忘为本公司揽生意，对几个只带手机没带相机的团友，她多次推荐，各处景点都有他们公司的摄影师，技术很好，挂牌服务，保证晚上会把照片送到宾馆房间。我们的行程单上标有他们公司的奉送项目：T恤衫、遮阳帽还有吴哥窟合影。

合影照片在离开暹粒前的最后一天交到了我们手中，心情自然是很高兴，但总觉得哪儿有点不对劲。看了又看，以我的摄影知识判断，这照片白平衡肯定有问题，色彩还原不准确，也就是色不正。正规公司的摄影师，怎么还会犯这种低级错误？谜底还是由小林揭开：他们用的相机都是二手货！

我们住宿于暹粒当地一家4星旅游酒店，但还是多天经历停电困扰，虽停电后时间不长就恢复了，但恢复不一会儿就又跳闸，最多的一晚，大概有上百次！听着那像老牛不堪重负喘息的空调启动声音，手机是不敢再充电了，还担心灯泡、空调憋了，这一晚就只能和黑暗、闷热做伴了。还好，可能也是二手货的灯泡、空调都很皮实。柬国内发电设施不足，电能要向泰国购买。一般百姓为省电费，只有早早睡觉。

当然，积极的方面也看到不少，进出海关，虽准备了美元小钞，但都没用上，还见有的工作台侧贴着中文字条：这里不收取任何费用。吴哥的游览门票，细分为一天、三天、一周的，供不同需求游客选择，堪称方便合理。门票带游客头像，现场拍照速度很快。卫生间等旅游设施，数量多且卫生状况良好，还可免费使用。暹粒到金边，公路状况很好，平稳不颠簸，不堵车。以经济发展水平而论，柬埔寨的旅游业与国际接轨程度应算较超前的，导游、司机和摊贩的管理也还不错，主要景点虽游人很多，但基本算有序。

祝愿这片曾诞生辉煌古代文明的国度，能赶上世界前进的脚步，让高棉的微笑重现灿烂。

欧洲印象

视觉寻美，文艺寻梦：英爱印象

英国爱尔兰 15 日全景游，往返均起落于曼彻斯特。行程基本涵盖两国主要景点，例如：牛津剑桥双学府；温莎城堡和爱丁堡*（世界遗产，为简便，行文中在名称后面加*表示为世界遗产）双古堡；丘吉尔庄园（官称布莱尼姆宫*）和爱尔兰的宝尔势格双庄园；温德米尔和尼斯双湖区；自然景观较震撼的有北爱的巨人堤*和爱尔兰的莫赫悬崖*；知名教堂看得更多：威斯敏斯特大教堂*、约克大教堂、圣安德鲁斯大教堂、格拉斯哥大教堂、利物浦大教堂等；到大英博物馆、曼联总部、爱尔兰健力士黑啤展览馆参观；还有观看爱尔兰传统音乐和踢踏舞表演，到号称英国最好的炸鱼薯条店就餐……真是丰富多彩！

不过，对我这“世遗控”和“古迹控”来说，行程中缺了巴斯城*和巨石阵*，还是有些于心不甘。好在问题与解决问题的办法总是同时产生，报了携程代理的当地欧美嘉旅行社的两地一日游，利用团期中伦敦一日自由活动的机会，自助出行，终尝夙愿，也使此次行程堪称圆满。

英爱两国的自然环境，不能不说是得天独厚。四面环海，地势平缓，湿润纯净的空气，让人常常想做深呼吸。行程中时不时飘一阵小雨，不长时间就雨过天晴。怪不得英国是高尔夫运动的发源地，放眼望去，到处是嫩绿的草场和秋日黄绿相间的丛林，似乎路边随处一块坡地就能做球场，只需修剪草坪而不需浇水。而在中国这种缺水的国度，特别是北方，维护的成本未免太高。

上天的眷顾只是一方面，没有人力的辛勤耕耘照样会是荒芜杂乱一片。这里每块土地的区隔用的是木栅栏或是石砌矮墙。木栅栏都是不上色的木条，竖条间隔十分均匀，横的都是统一钉两根，还有的可看到，在木栅栏上钉了细密的铁丝网。矮墙多是片岩垒成，高矮、宽窄一致，更有意思的是，在最上面将片岩斜过来，砌成了屋檐状，别致又美观。与我们在国内特别是牧区看到的情况相比，一个精细，一个粗犷，泾渭分明。

乡间别墅，是此行见得最多的景致之一。首先感觉是简约不铺张，整体体量并不大，楼层也不高，窗不大，门甚至显得窄小。回程飞机上，邻座是个到移民英国的妹妹家度假的中年女士，据她说，英国普通人住房没有太大的，90 平方米以上就算大房了。其次感觉是精致典雅、装饰美观、打理精心。建筑外墙，在拐角处、门窗边，都做了装饰，或涂色、或雕刻、或镶嵌，配色协调。房前屋后的花园，有大有小，但都种满花草，做了个性化布置。每座别墅都很漂亮，有童话意境。不论田野还是村镇，都很干净整洁。

看到我对作家故居、文学作品发生地等特别感兴趣，团友给送了个绰号叫“文艺小青年”，虽然小已变成老，但还是不忘初心！作为“50后”的一员，成长过程中接受的外国文学滋养，数量最多的除了苏联恐怕就要数英国了。在国门并未真正打开的岁月，这些文学作品是我们了解世界的重要窗口；也在匮乏又单调的本土精神食粮之外聊补对普世价值的认知，徜徉在人类跨越种族、阶级、宗教、国别的共同追求之中。《魂断蓝桥》最让女生唏嘘，《百万英镑》最让男生开怀，福尔摩斯则无论男女都会着迷。《简·爱》中的经典对话几乎都能背出几句，对莎士比亚戏剧的了解程度甚至可作小伙伴们衡量一个人学问大小的标尺。在当知青的茅草屋中，读到拜伦的《唐璜》，却因书中众多裸体画而纠结，没敢读完。受狄更斯《雾都孤儿》的影响，对伦敦留下阴冷潮湿、大雾弥漫的印象，幸运的是，这次在伦敦游览那天遇到艳阳高照的好天气。

虽然多数是要自费购票入内的，我还是选择近距离的追梦之旅。最贵的是斯特拉特福德镇的莎士比亚故居，门票 22.5 英镑；温德米尔湖区波文尼斯小镇的彼得兔博物馆，7.5 英镑；格拉斯米尔小镇的华兹华斯故居（含博物馆），8.95 英镑。在巴斯古城乘车经过了简·奥斯汀的故居，因时间紧未能赶去参观。

在苏格兰特伦小镇，与酒店工作人员确认，诗人彭斯的出生地距离不太远，可惜只能在出发前的晨光中眺望了，那首许多国人都熟悉的《友谊地久天长》，其歌词正是他的诗作。没有读过司各特的作品，行程中却感受到了他巨大的影响力，格拉斯哥乔治广场中间最高的是他的雕像，在爱丁堡，攀着又高又窄又陡的旋梯，登上了司各特纪念塔的最高层，俯瞰城市风光，也算是对作家的致敬吧！

爱尔兰首都都柏林，贡献了四位获诺贝尔文学奖的巨匠，虽然时间紧张，与文学相关的行程只有从外面观看王尔德故居和梅林广场中他的雕像，但并不影响我在行程中回味叶芝《当你老了》中那感人的诗句："多少人爱你青春欢畅的时辰……只有一个人爱你那朝圣者的灵魂，爱你衰老了的脸上痛苦的皱纹。"也想起那个在墓碑上都不忘自我幽上一默的萧伯纳："我早就知道无论我活多久，这种事情迟早总会发生。"感受以意识流小说代表作著称的《尤利西斯》诞生的土壤，更对选择翻译这本"硬骨头"的萧乾文、洁若两位先生充满敬意。

现在，旅行社的行程越来越多地安排了自由活动时间，这让只会三句半英语的吾辈深感沟通障碍的压力，企盼翻译神器的帮助。三年前去西班牙就曾试用过百度翻译 APP，离线状态下感觉不太给力。听说科大讯飞出了翻译机，上网搜索，感觉售价还是有点贵。此行旅行社奉送无线 Wi-Fi，放心大胆地将翻译软件用出了甜头。在剑桥，靠它一路打听找到了徐志摩诗碑，虽然有违徐诗轻轻地走又轻轻地来的意境。在小镇，靠它打听到了彼得兔博物馆，当然也几次做出用手指比画 V 字举在头顶，两腿做蹦跳动作以辅助说明。

不过，也有关键时刻掉链子的事情。一次长途拉车途中休息，见到两辆漆着黄黑两色格状图案的中巴车，团友说是警车，我觉得不像，一问果然不是，那请问你们是干什么的？按着话筒标识请他对着手机说，试了几次它也不工作，面对人家鼓着腮帮子十分努力地表达，真觉得对不住。巧的是人家工作车上的电脑也装有翻译软件，帅哥敲击几下，出了一行日文，我说我是中国人，日文变成了中文，大意好像是道路管理维护，那就相当于路政吧？导游最后给出答案：是交管。挺好玩！拜托语音识别技术领域的大咖们，大力加快研发，降低成本，让我们能早日一机走遍天下！

以往猜想，大英帝国遗民多矜持甚至傲慢，不大好打交道，实际接触的却都是友善、温和、乐于助人的人们。问路从未被拒绝，还有热心人一直将你带到目的地。作为摄影发烧友，抓住机会就扫扫街（抓拍路人），拍后向目标微笑或招手，总能得到同样回应。到利物浦艾伯特码头，一下大巴赶着去上卫生间，见一老人在画速写，来不及拍，只能竖竖大拇指。赶回时老人已收起速写本要离开了。忙上前请求他再摆出姿势让我拍几张，老人很爽快就答应了。

更让人大跌眼镜的是一次在酒吧的经历，起因还与上卫生间有关。在格拉斯哥乔治广场附近寻找卫生间，一家很热闹的酒吧门前，站着一位身材彪悍眼睛如铜铃般圆睁的侍者，我绕了两圈没敢贸然进入。正巧一位懂英语的团友从里面出来，告诉我可以进。我怯怯进去，心里还是发虚，就微笑着抬抬手摆摆头扭扭腰，算是和开心喝酒的人群打招呼，没想到反应出奇热烈，几位中年帅哥立即上来互动，摆出各种动作让我拍照。其中一人还夺过我的手机，把我推向他的同伴，我听到身后夸张地做出 kiss 的声音。但不知是帅哥不会用，还是喝高了，反正没一张照清楚的。待我从卫生间出来，挤过拥挤的人群，他们又拉着要再嗨，面对如此热情哪敢再“火上浇油”？赶快“落荒而逃”。

在爱丁堡拜谒亚当·斯密墓地

爱丁堡现在是苏格兰首府，曾经是苏格兰王国的政治文化中心，也是历史上苏格兰政治和军事斗争的旋涡中心。据说爱丁堡这个地名源于苏格兰盖尔语，意思是斜坡上的城堡。

悲情沧桑爱丁堡

爱丁堡城堡最先是用于防御的要塞，11 世纪开始建造宫殿，成为王宫和国家行政中心。16 世纪初圣十字宫建成，苏格兰国王从此迁去那里居住。爱丁堡城堡内有壮丽的皇宫，规整的广场，立过战功的大炮，还有收藏了从中世纪到 18 世纪末各种实物的军事博物馆。我们还进到了玛丽女王生小王子的房间。

爱丁堡城堡建在一个海拔 135 米的死火山岩顶上，一面斜坡，三面悬崖，易守难攻。在历史的多场战斗中，爱丁堡人表现出来的强悍和不屈体现了苏格兰人的精神品格。

爱丁堡有两条最主要大街，一条是皇家—英里大道，玛丽女王的悲情故事就发生在大道两头的城堡（爱丁堡城堡）和宫殿（圣十字宫，又称荷里路德宫）里。如今大道建筑物外墙多还是昏暗颜色，像是历史大剧的真实幕布。伊丽莎白二世女王在世时，夏天常来圣十字宫小住，女王去世后，灵柩曾经停在这里。另一条王子大街是繁华的商业街。我在大街北侧的苏格兰档案馆门前驻足，这里矗立着惠灵顿公爵的青铜像，正是他带领英国军队在滑铁卢打败拿破仑。我还登上了王子大街花园内的司各特纪念塔。

《国富论》诞生地

除了看雄伟古堡，了解苏格兰沧桑历史，我还有一个小小心愿。隔壁邻居家的女孩曾留学爱丁堡，几年前就听她说起，亚当·斯密（1723—1790）是爱丁堡人，他的墓地就在这座城市。我作为学习政治经济学专业的人士，自然对这位"祖师爷"怀有深深的崇敬，十分向往能到他的墓地拜谒。

请女孩画过路线草图，但行程中是否有时间，语言不通自己是否能找到，等等，都是未知数，谢天谢地，遇到资深导游赵明桦，他不仅知道确切位置，而且利用团队自由活动时间，亲自带我走到墓地。

英国古典政治经济学是马克思主义的三个来源之一，斯密正是其杰出代表和理论体系的创建者。他出生于爱丁堡附近的卡柯尔迪（Kirkcaldy）小镇，父亲是海关官吏。14 岁入格拉斯哥大学学习，17 岁到牛津大学学习，1746 年毕业，在爱丁堡大学讲授修辞学与文学，1751年任教于格拉斯哥大学，先后讲授逻辑学和道德哲学。还曾任爱丁堡海关专员，担任过格拉斯哥大学校长。

后人眼里的经济学家怎么不讲经济学而讲道德哲学？原来，在斯密时代，经济学还没有独立为一门课程，道德哲学实际是当时社会科学的总称，斯密讲授的道德哲学包括神学、伦理学、法学和政治学，政治经济学即包括在政治学中。

斯密一生留下两部完整著作，由此奠定他在世界思想史上的重要地位。一部是1759年出版的《道德情操论》，一部是1776年出版的《国民财富的性质和原因的研究》（简称《国富论》），后者正是他在家乡花费9年时间写成。斯密终身未娶，与当时的知识精英、商界人士有广泛交往，汲取他们的学问，了解他们的经商实践，都对他的学说创立有深刻影响。

斯密研究经济问题的出发点是人的本性，中心是经济自由。他批判了重商主义，纠正了重农学派，认为财富都是生产领域创造的。他第一个系统论述了劳动价值论的基本原理，分析了价值规律的作用，接触到剩余价值的来源。

拜谒斯密墓地

赵导带我从王子大街中段南侧的司各特纪念塔边走过，向东折向南，过桥，走到皇家一英里大道，再折向东。据说，这条大道上17世纪就出现多层的单元楼房，堪称公寓楼的鼻祖。

皇家一英里大道由四条街连接而成，在卡农盖特街（Canongate）段，有一座规模不大的卡农盖特教堂，这是一座古老教堂，1688 年修建，斯密的墓就在教堂墓园内。进大门往左手边不远处，可见用铁栅栏围起的墓碑，嵌在后面三层临街建筑物的后墙体内，上有斯密的头像。墓碑不算大。有一些来此的外国学者打抱不平，说影响了世界的伟人，墓地未免简陋。而他的学生斯图亚特，只因出身贵族，同在一个墓园内的墓地，气派得却像纪念堂。

时值初秋，地上的青草还是翠绿，枝头的树叶过半已呈金黄。墓园内很幽静。爱丁堡以斯密为傲，但不失内敛与节制。黄色小标牌上写着:《国富论》可能是世界上最有影响力的出版物之一。我独自徘徊，想起大学时代啃《资本论》、啃《国富论》的许多往事，通过学习掌握的，就是经济学理论及经济学的思维方式。

穿越时空的恒久光芒

学子们有句自嘲的话，就是随着时间的推移，把学的东西都还给老师了。其实，细想起来，这是有道理的。时代在发展，知识废旧速度也很快，想不还给老师都不行！但许多深邃思想、真理级的发现，却会穿越时空，发出恒久的光芒，斯密的学说，应属此列。所谓“斯密之谜”就是明证。

在《道德情操论》中，斯密从同情心出发论述了利他主义的伦理观，在《国富论》中，他从物质利益出发论述了利己主义的经济观，这中间的矛盾谜团被指出已 150 多年。我国有的经济学家认为，这恰恰反映了市场经济社会的现实矛盾和运行需求。市场经济承认人利己行为的合理性，又通过“看不见的手”即价格的作用，增进了社会利益，实现利他和共享。但金钱至上观念的盛行会导致道德沦丧，整个社会的运行还需要道德规范和法律法规，适当抑制利己本性，维护社会正义，崇尚利他精神。

40 多年来，我国的市场经济已取得长足发展，但同时，过度市场化、诚信缺失、生态环境破坏等深层矛盾也日益凸显。在社会转型的重要时期，研究社会主义制度与市场经济有效结合的理论基础，践行市场经济既是法制经济又是道德经济的理念，斯密学说应该还有重要启迪意义。

漫步剑桥校园

感谢诗人徐志摩，写了那首脍炙人口的《再别康桥》，让无数国人记住剑桥，向往剑桥。不过，徐诗的康桥怎么变成了剑桥？原来，剑桥的英文是Cambrige，徐先生一半音译为“康”，一半意译为“桥”。现在按翻译出版界规范译法，应统一意译为“剑桥”。

剑桥镇位于伦敦东北97千米处，它确如徐诗描绘的，温柔秀美，像剑河碧波中摇摆的一缕水草，似蓝色天空上飘浮的一片云彩。

参观完国王学院教堂，一路打听，向西走过学者大草坪，再向南，跨过石桥，徐志摩诗碑就静静俯卧桥边，上面刻着诗作的最后一句：“轻轻的我走了，正如我轻轻的来；我挥一挥衣袖，不带走一片云彩。”

缘起牛津，群星璀璨

剑桥的缘起归于牛津。1209年，牛津大学的一个学生练习射箭，因误伤了镇上一名妇女而致其死亡，引起骚乱，一些牛津师生流落到剑桥，被伊利主教收留，慢慢聚拢了一批各地来的学者。1284年，伊利主教仿照牛津大学办法，在剑桥创建第一所学院。

历史上，剑桥共出了80多位诺贝尔奖得主，有说是世界第一，但实际第一是美国的哥伦比亚大学，出了90多位诺贝尔奖得主。不过，这第二把交椅也堪称辉煌。还有在诺贝尔奖设立前从这里走出的名人，以及众多不能用诺贝尔奖简单衡量的精英。

科学大师牛顿，在此学习工作了35年，如今的三一学院门前，栽种着从他家乡移植来的苹果树，树旁他曾住过的宿舍，必须是数学成绩最好的学霸才有资格居住。尽管许多人怀疑，此树与那棵激发牛顿灵感的苹果树是否有直接关系，但不影响它作为科学探索的象征，激励后世学子。还有博物学家达尔文、生物化学之父霍普金斯、经济学家凯恩斯、历史学家特里威廉、诗人拜伦……这里还走出了7位英国首相。

剑桥大学的16个老学院建于16世纪前，200多年后又建起15所，现在共计有35个学院。学院制是她公认的办学特色。所谓学院制，简单来说，一是学院有相当独立的财务权与管理权；二是多以学院为单位开展教学及活动；三是招生中主要是学院一级说了算。怪不得参观中看到，每个学院楼顶都飘扬着各自的院旗，墙上镌刻着各自的院徽。

古雅学院风与清丽田园风融为一体

重点参观了国王学院教堂。从外观看，这是一幢狭长方形宏伟建筑，四角有八边形塔楼。购票进入教堂，深深被其高大、精致、华美所震撼。首先吸引目光的是它的石质穹顶，呈现优美的扇形线条；接着看到教堂前后部被一座深色橡木屏风隔开；穿过屏风下的拱门，还别有洞天——走道两边是同样深色木质，雕刻精美的唱诗席。再看资料，原来这几点再加彩色大玻璃窗，正是该教堂的内部特色。华丽的大东窗下，是鲁本斯的《贤士来朝》，1634 年为比利时楼文的白尼修道院创作，后被收藏者捐给学院。

这座教堂 1441 年由亨利六世设计并奠基兴建，历经五位国王、四位名工匠和庞大的手艺人队伍，耗时百年，方才建成。

受赵导指点，从三一学院旁的一条小街向西走去，不远就可到达一座剑河上的小桥，站在此桥上往两边望，可望见好几座横跨剑河的小桥倩影。这里大概就是号称“后校园”的区域。不宽的剑河静静流淌，学生船工们或精神抖擞地撑篙行船，或慵懒地躺在船板上等待游客。秋天刚刚露头，大片碧绿的草坪上已落下不少黄叶。透过浓密的树荫，可望见很有历史感的幢幢建筑。自行车是这里的主要交通工具，不时有骑行侠的身影从身边飘过。

漫步剑桥校园，古雅学院风与清丽田园风迎面袭来，很让人陶醉。处处可见巨大的反差，古老的建筑与青春的面容，凝固的历史与活泼的身影，像是有一支看不见的魔棒，将反差的两极融合在一起。美哉，妙哉！

这座展览馆为何曾荣登欧洲旅游胜地榜首

爱尔兰首都都柏林的行程，重点之一是健力士黑啤展览馆。它作为2000年才开放的旅游景点小字辈，却逆袭雅典卫城、伦敦白金汉宫、罗马圆形大剧场以及巴黎埃菲尔铁塔，荣登2015年欧洲旅游胜地榜首——结果来自公开的世界性公众投票。

为何会有如此骄人成绩？我以为，一方面延续了全球消费者对这款啤酒的喜爱，另一方面因为此馆是一个很棒的展览馆。用中国式思维概括，这里堪称“三全”展览馆，即有历史文化、有广告创意、有代入感极强的参观体验。

形同白送的租金

这里之前有一座圣詹姆斯门酒厂，不知为何要出手，1759年，健力士黑啤的创始人阿瑟·吉尼斯把它租了下来，这份租约的放大复制件就嵌在展馆地面上。有意思的是，租金低得形同白送，每年只有45英镑，而且一租就是9000年！个中缘由导游没讲，我猜测，原厂主看中的可能不是金钱，而是酒厂的长存。

原厂主的确没有看错，一个享誉世界的品牌由此诞生，250年过去了，这里依然酒香四溢。随着企业规模扩大，酒厂早已搬迁，原生产车间被改造成为一处集展览、饮食、娱乐、零售于一身的工业遗址展览馆。

见到吉尼斯这个名字，是不是很眼熟？没错，他也是“吉尼斯世界纪录大全”的创始人。吉尼斯就是健力士（Guinness）的另一种音译。企业与文化，工业产业与创意产业达到完美融合。

健力士黑啤公司不仅积极投身创意产业，也是极为重视品牌广告创意，并从品牌广告创意中获益颇丰的企业。它的啤酒广告曾在国际广告大赛中频频获奖。

菜鸟一炮打响

作为一个欧陆西端爱尔兰的啤酒品牌，它要赢得世界各地消费者的芳心，必须重视文化内涵的挖掘和传扬，必须找准本土化的突破口。这项工作多是通过当地的广告公司完成，但健力士本部也有相当高的要求。

被业界津津乐道、奉为经典的，是健力士黑啤在新加坡的中文广告。20世纪80年代末90年代初，新加坡经济腾飞，原来作为蓝领饮料的健力士黑啤急需转型升级，向高档饮品迈进。任务交到入行不到一年的林少芬手中。于是有了天马行空、让人耳目一新的广告词，与林子祥的表演形成绝配：

“你怕黑吗？黑有什么好怕？怕黑？那你不是白白地活着？”

“有人靠动手动脚来放松自己，我，我选择君子动口不动手！”

“眼睛是灵魂之窗，但光能看不能尝，又有什么用呢？”

……

菜鸟一炮打响，加薪提职，后来成为新加坡广告界大姐大。

据林少芬回忆，新人没什么压力，就想与众不同，于是编出这些“瞎搅的话”。但据广告专家分析，这里面学问可大了！喝啤酒，口感第一，感觉第一。这个感觉除了饮用者自身体会，还要靠广告赋予。创意让口感有迹可循，让感觉有了个性。林少芬的黑色系列，让健力士黑啤有了鲜明的标识：机智的、诙谐的、黑色幽默的、优雅的、独具格调的。

知道了健力士黑啤广告的故事，突然明白，在影响力经济时代，如果你买到了一款好商品，千万别以为那是自己聪明，其实是被聪明人写的广告所捕获！

视觉听觉味觉的盛宴

整栋建筑共有七层，深色外墙，像讲故事老爷爷穿的深色外套。走进底层，光线有些昏暗，周围墙上遍布历史照片。建筑中央是蓝色的钢架，再加玻璃钢结构，配着灯光和室外射进的自然光，璀璨又有些魔幻。顺着一层层滚梯上行，可看到纵横交错的管道，老旧的设备，声光电结合的展厅，堆积的啤酒桶。随处可见健力士的竖琴商标，那是爱尔兰人喜爱的“天使之琴”，爱尔兰国徽就是蓝色盾牌上一架金黄色竖琴。

在这里，人们可以认识黑啤的四大原料：大麦、啤酒花、水和酵母，领略健力士人对原料的精挑细选。在这里，人们可以了解黑啤的四大酿制过程：糖化、煮沸、发酵、冷藏，领略物理加化学双重变化的神奇曼妙。

因为时间有限，匆匆穿行在迷宫般的展厅，根据导游叮嘱，抓紧时间来到顶层的重力酒吧。中间是一个大大的吧台，凭当日参观票可免费领取一杯黑啤，大杯或小杯任选。这里各国游客云集，人声鼎沸，也把参观推向最高潮。端着酒杯，可 360° 观赏厂区和城市风光。品着美味的啤酒，极目远望到天际线，真是惬意无比。

参观健力士黑啤展览馆，是走进岁月、倾听历史的过程；是触摸工业文明、了解科学变化的过程；也是燃烧激情、迸发活力的过程。

图书的盛宴与狂欢

从踏进出版业的那天起，就向往着有一天能到法兰克福书展来“朝圣”，这个梦一做就是 20 年。直到终于踏上这国际展览之城的土地，参加第 65 届法兰克福书展。

法兰克福书展的历史可以追溯到中世纪，1370 年这里就曾举办过“图书集市”。从那时起人们就会集在美茵河畔的法兰克福，进行关于图书的信息交流与贸易。如今的法兰克福书展作为世界上最大的国际图书博览会，不仅是贸易的中心、文化政治思想对话的国际平台，同时也是国际顶级的文化盛事。

第一，最大感觉是规模巨大内容丰富，现场气氛热烈火爆。书展的展馆和活动区达 17 万平方米，每年有 120 多个国家、7300 余家参展商、近万名记者、近 30 万名观众参会（法兰克福市居民仅 30 万人）。场内的人流用摩肩接踵形容绝不夸张。我们一些人喜欢简约风格，习惯于背双肩包，而人家穿戴正规的绅士女士们则拉着旅行拉杆箱来往穿梭，成了道别样风景。一个个展区内的柜台边、桌椅前，人们或站或坐，相对交谈甚酣。

据说，在书展上达成的版权贸易数额占世界版权交易量的75%以上。单就中国展团来说，上一年书展期间输出合同和合作出版总计2400余项，贸易额230多万美元；版权引进合同1560多项，贸易额240多万美元。本届据在会场截至闭幕前两天的统计，输出合同2400余项，引进合同1900余项。

第二，展示方式、沟通互动方式异彩纷呈、创新多样。最漂亮、最抢眼的当然还属少儿图书展区。这里既有传统的美丽插画、诱人的玩具、风趣的玩偶，又有充分考验想象力的魔幻风景、超人怪兽、星际大战，还有电子阅读、网络游戏等新媒体体验。以我之愚见，经过多年努力，我们与国际接轨的大门已开得很大，但差距还属不小，突出表现在创意力的不足，既包括产品内容的创意、表现形式的创意，又包括行销的创意、项目推行的整体创意，更包括经营的创新、体制机制的创新。

展馆内有许多论坛节目、发布活动，基本是座无虚席；美食饮料现场制作品尝，显然很受国外“吃货”们的青睐；保健按摩，一水儿的帅哥靓妹，观察了一会儿，不知属什么门派，但分明看出与中式按摩很有异曲同工之处；还要说说比较新鲜、受到男女老幼追捧的玩意儿——3D背景留影。一处是德国最大电视台ARD电视台布置的古典图书馆背景，看似平面的，拍出来后图书馆有了进深，天上飘的书也活灵活现。还有更奇的，一家公司制作的图书树平面背景图，平铺在地面上，人站在或坐在图的特定位置，拍摄时可见书堆长成了大树，树上栖着大鸟，远处火山喷发，让观众体验了一把与魔幻场景的亲密接触。

第三，书展的专业性与群众性结合非常紧密。在我们接待的来访者中，虽然多数是版权贸易的专业人士，但也有一些国外作者自己找上门，还有一些海外华侨华人尝试着做非专职的版贸中介或翻译类的事务，体现了书展的开放性和多元性。虽然从理论上说，书展只在最后的周末两天才对社会公众开放，但实际上从第一天开始就有大量观众涌入，其中不乏持双拐的残疾人，坐轮椅的老年人，看他们徜徉在图书王国的神态，既专注投入，又悠然自得。

每年的书展期间有近3000场主题报告会、朗诵会、颁奖会、签名会、访谈、讲座、新闻发布等活动，本届，我国知名作家贾平凹先生也受邀前来，与我们同乘一架飞机到达。几乎每个会场内都坐得满满的，不少是普通观众在安静地倾听。还有许多孩子被家长带着来观展，在少儿图书和手工模型展台前长时间驻足。工作人员又是送书包、又是拿糖果，殷勤接待着这些小“衣食父母”。在展馆外的露天区域，还有许多卖小商品、旅游纪念品的摊位，很像北京的地坛庙会。可以说，法兰克福书展就像一个写书人、做书人、卖书人、读书人、爱书人——总之一切与书有关人士的大Party！

第四，感觉书展会内会外的功夫做得都比较足，保持了对书业人士的持续影响力和吸引力，也成为推动产业发展的巨大引擎。法兰克福书展的主办方是作为德国书商及出版商协会子公司的法兰克福书展会展公司。它除了每年举办为期五天的书展，还组织各种国际会议、高端论坛、专业培训及交流活动，一年365天都活跃在国际书业和媒体业的舞台上。

它致力于在全球推广德语图书，每年组织德国各出版社联合参加不少于25个国际书展；它在纽约、莫斯科、北京和新德里等地设立了德国图书中心，为本国和国际同行提供信息和服务；它协助参与组织南非书展和阿布扎比书展，使之成为非洲和阿拉伯地区最有影响力的书展，也增加了德国在国际书业的影响力；它在世界范围内资助许多培训项目，例如每年资助几家成长中的出版社参加法兰克福书展，资助各国年轻出版人参加称为出版后备力量的短期培训。本届中国的“毛毛虫童书馆”就受到邀请。

第五，再看看会展的后勤保障服务，不对，这话说得还是太“中国特色”，在人家这儿应称会展经济的运转以及产业链的延伸。

会展的门票像个交通一卡通，可一日多次自由进出场馆；可乘坐市内除出租车外的各种公共交通工具；甚至可以凭此乘坐火车到达几十公里外的旅游小城美因茨（Mainz）、威斯巴登（Wiesbaden）等地。虽然这都是“羊毛出在羊身上”，但实际的效果，则形成敞开胸怀欢迎来客的城市形象，大大减轻访客自己掏钱买车票的麻烦，还吸引访客参观周边小城镇，从而带动了这些地方的旅游客源。我和几位同伴就是受这“免票”的吸引，自助游了一趟美因茨。这座莱茵河畔的小城恬淡、宁静、整洁又优雅。

这里轨道交通的发达便捷以及与会展场馆的无缝对接也给人

留下深刻印象。出于节省的考虑，我们住宿在距市区几十公里的小城哈瑙（Hanau）。此地到书展会场，大巴车大约要走一个小时，而城铁仅30多分钟，且车站就在中心会场地下，非常方便。我们参观了法兰克福中心火车站（Hbf），这里不仅有通达德国境内主要城市的火车，还有通往欧洲许多大城市的火车，其中S线、8线等列车除半夜外基本是每半小时一班。来自德国境内如慕尼黑等城市的参会者，可以当天打个来回。怪不得在会场和附近街道看到那么多带拉杆箱的人。

在国内参加会展，包括北京的新老国际展览中心，最让人担心的就是解决“出口”和“入口”的问题。进了法兰克福书展展馆，看到人流如织，场馆奇大，我马上担心起来，但很快发现纯属杞人忧天。卫生间数量众多，人最多时也不过等一二分钟。设施很新，卫生保洁及时到位，没有异味。

想吃点什么、喝点什么，抬眼望去，大概可在展馆200平方米范围内解决，堪称方便。饭点儿到了，人们各自奔向各个餐饮营业点，排队多的也就10人左右。售货员虽多数并不年轻但手脚麻利，再加上是西式快餐，拿起就走，没啥啰嗦。我买了两个面包夹热烤肠，不到7欧元，又香又顶饱。

西班牙土地上的孤独夜莺

万籁俱寂，月亮隐入厚厚的云层后面。夜半时分，高高塔楼的顶端，一扇窗户被悄悄打开，一根绳索缓缓而下，一个英俊少年，两手死死抓住绳索，战战兢兢向下滑去。窗口，一双美丽、忧郁又充满仇恨的眼睛，紧紧盯着年轻人的身影。

许多人认为，人生就是一场赌局，不论是被人拉入赌场还是自动自发地压赌资，一旦陷入这场游戏，注定只有无常的结局。15 世纪末的西班牙南部重镇格拉纳达，摩尔小朝廷的法蒂玛王后，怒火中烧，不甘失落，只能拿自己和小王子波伯迪尔的性命投下赌注。

老国王哈桑又爱上一位名叫梭莉丝的女人。与阿拉伯女人不同，这个女人不是黑发黑眼而是长着一头似金色瀑布的秀发；这个女人不信奉真主安拉而是信奉耶稣基督。王后好言相劝不行，以死相逼也无济于事。一意孤行的国王竟把王后和小王子关了起来。王后出身名门贵族，与宫廷内外具有千丝万缕的联系。经过秘密筹划，定在今夜先让小王子逃出，自己再想办法起兵反叛，逼迫离经叛道的老国王下台。

王后如愿以偿，但螳螂捕蝉焉知黄雀在后？祸起萧墙，宫廷内斗，引来觊觎已久的强大敌方进攻，北非摩尔人（Moors）的后裔最终失去了在西班牙的最后一处领地，只留下他们苦心经营的阿尔汗布拉宫（Alhambra，又称阿兰布拉宫），像一只孤独的夜莺，永远唱着哀婉的歌。

所谓摩尔人，泛指 8—13 世纪从北非西部进入并统治伊比利亚半岛的柏柏人和阿拉伯人。他们曾将灌溉、养蚕等新的农业技术带进西班牙，与当地居民共同创造出先进文化，在数学、医学、地理、哲学、建筑等方面都有成就，对西欧近代文化的形成产生过一定影响。

格拉纳达位于西班牙南部的安达卢西亚自治区。窄窄的直布罗陀海峡就在这个地区，它扼守着地中海通往大西洋的咽喉要道，又是通往北非的跳板和桥头堡。当年摩尔人正是从此处进入，占领了西班牙大半领土。在基督教西班牙强盛崛起后，这里又是摩尔人最后统治的地区。伊斯兰文明与基督教文明在这里交融相汇，因此，这里被称为西班牙最有异国情调的地区。

阿尔汗布拉宫在格拉纳达郊外，坐落于一座不规则三角形山坡的山脊上，最高海拔不过 700 米，但有坚固城墙环绕，易守难攻。有人说它的造型很像一艘舰船，南面迎接阳光的洗礼，北面倾听达罗河的低吟浅唱，船头向西，国王可以在宫殿西北面依窗眺望阿尔巴辛区臣民们的起居劳作。

据史料记载，这里最早在9世纪就建造了军事堡垒，但大规模的建筑始于13世纪30年代，那时，穆罕默德一世建立了纳斯里得王朝，以后历代都兴建了不同的建筑，使阿尔汗布拉宫逐渐形成规模，完整连成一体。1492年天主教西班牙国王费尔南多和伊莎贝拉收复格拉纳达，他们的孙子卡洛斯五世，在阿尔汗布拉宫内建造了与伊斯兰建筑风格迥异的宫殿。此后阿尔汗布拉宫历经战乱、地震、火灾，逐渐破败。直到19世纪，在一些西方旅行者的推动下，这座阿拉伯建筑瑰宝才揭去尘封，重放异彩。现在，它已列入世界遗产名录。

阿尔汗布拉宫风景区包括城堡区（Alcazaba）、纳斯里得皇宫区（Nazaries）、赫内拉里菲夏宫花园区（Genaralife）、卡洛斯五世宫殿区（Palacio de Carlos V）。我们只参观了后三个景区。其中皇宫区又有梅苏亚尔宫（Mexuar）、科玛莱斯宫（Comares）和狮子庭院（Patio de los leones）三个核心景点。

虽是走马观花、匆匆而过，但阿尔汗布拉宫的繁缛之美、内敛之稳、流转之灵、轻盈之逸却已沁入心脾，氤氲滋润，久久挥之不去。

阿拉伯建筑雕刻首先给人的印象是繁缛之美。

在我们惊讶于宫内墙壁上的精美纹饰时，导游小张介绍说：有人根据这些繁缛的纹饰推断，摩尔人有一种对空白的恐惧。

阿拉伯经文书法和阿拉伯纹饰，都密密麻麻、排列有序，异常精美。我以为，阿拉伯文与中文都是世界上最适合书法艺术创作的文字。同样有粗细之分，可以连笔，可以体现软笔笔锋变化，有“点”等小配件可供点缀。阿拉伯纹饰还有极强的装饰性、几何图案性，每个基本单元有大有小，但其连接却都百转千回、千变万化，环环相扣又辐射蔓延，以整体性征服观者。

特别值得一提的是瓷砖墙面的花纹，似乎蕴含奇妙的数学原理，或对称分布，或重复交替，有的具周期性，有的具非周期性，有的呈旋转交替组合甚至改变比例的重复组合。还有的运用了拼花瓷砖工艺，就是把烧成的瓷砖切割成不同规格的碎块，再按一定规律镶嵌起来。

这些书法和纹饰确实留隙很少。奇怪的是，我们这些自幼受儒家文化熏陶，凡事讲究留有余地，耳濡目染看惯了中国水墨画，把留白奉为艺术圭臬的中国人，欣赏迥然不同的阿拉伯艺术风格，竟然没有任何障碍，只有啧啧称奇的份儿！

对比阿尔汗布拉宫的内外建筑设计，可以体会到一种内敛稳重的风格。

入得宫内参观，有步步惊艳的感觉，因为整个建筑简于表繁于内，拙于外巧于中，朴实于表面华美于内里，故多数参观者对内部的精美华丽缺少思想准备。这可能与这个摩尔王朝的历史变迁有关，也可能与阿尔汗布拉宫所处地势有关。还有学者认为与伊斯兰教“密室天堂”思想有关。

这是个远道征战跋涉，在异族异教土地上维持统治七百多年的小朝廷，是在其他摩尔政权被扫荡后得以苟延残喘二百年的一个意外，自然缺乏本土建筑的张扬肆意，自然时时感到强敌压境的威胁，只能将对奢华的追求罩于古拙的外表之下。

而关于地势，据说最初的阿尔汗布拉宫是建在阿尔巴辛城内，后来外面逐渐聚集了越来越多的人口、建筑，使王朝统治者感到了不安全和没有发展余地，于是动议迁到了现在这处山脊。优点是地势较高，相对独立，易守难攻；缺点是面积不很大，必须精打细算，“螺蛳壳里做道场”。

阿尔汗布拉宫的水景建筑充满流转灵动的气韵。

穆斯林的生活特别是宗教活动离不开水，水景建筑是阿尔汗布拉宫美景的重要组成部分。大略看来，阿拉伯水景建筑与中国水景建筑表现出完全不同的情趣。中国园林，多有面积较大的湖和面积较小的塘，桥、榭、亭等临水建筑或架于水上，或依傍水边，呈不规则走向，讲究自然天成。而阿尔汗布拉宫是建在山脊上，决定了它只能是引水入宫，靠精心设计来引导水的走向，靠精打细算来控制水的用量。水道和水景的设计都体现均衡对称的特点。

水道有明有暗。水池大致有长方形和圆形两种，长方形较大，配有对称的喷水装置，池中倒映出建筑物的倩影。圆形水池较小，有些是两层，上层可喷水。在寝宫，导游指给我们看，这涓涓流淌的“自来水”竟一直引到了国王的卧榻边。那是一个类似汉白玉石料砌成的圆形小水池。在狮子庭院，流水又从狮子口中缓缓吐出。

水沿着沟渠水道由花园至寝宫，由高处到低处，蜿蜒曲折，腾挪辗转，无处不在，无时不流。水的精灵为阿尔汗布拉宫平添无穷妩媚，万般柔情。

说了上面的三点观感，还觉意犹未尽，还有什么呢？对了，是与世界上多数皇家宫殿的高大宏伟不同，阿尔汗布拉宫表现出轻盈飘逸的特质。

这里的柱子都很纤细，如果说罗马建筑中的柱子个个像彪形大汉，那么这儿的柱子个个是小人国的细腰美女。她们虽瘦弱，但完成建筑的承重却毫不费力。她们整齐排列，个个精心梳妆打扮，那些繁缛的雕刻纹饰就像她们头上佩戴的珠宝环佩，熠熠生辉。

这里的门都大小适中，这里的窗都小巧玲珑。这里的房间，高度都不算太高，开间都不算太大。就是梅苏亚尔宫一间议政的厅堂，也不过像我们现在的中型会议室。科玛莱斯宫的觐见厅，是国王会见外国使节的大殿，装饰得无比富丽堂皇，但绝称不上恢宏高大。影视剧中，我们看惯了中国古代皇帝在高大的殿堂召见群臣，来到此地，感觉思维要赶快转转弯子。再想想，因时因地因文化而易本无可厚非。再看看，图上演示的国王本是席地而坐，那就更用不着那么高大的空间了。

那些雕刻精致的建筑立面和美艳绝伦的藻顶使用的是什么材料？直观地看，很像石料，有坚硬的质感。导游的回答却出人意料——灰泥与石膏。怪不得用不着太粗的承重柱子！但又是怎么成型、雕刻、拼装和保存好几百年的？这就像阿尔汗布拉宫的无数未知一样，令后人深深着迷。

石碑上，镌刻着这样的诗句：

纵然墙垣踪影荡然无存，
然而回忆永存，
仿佛艺术与梦幻之栖身殿堂。
世上仅有的那只夜莺，
织做巢穴未曾停止。
听，正献唱天籁，
在阿尔汗布拉宫辉煌的断垣残壁中，
吟唱着告别之歌。

高山之巅，灵魂居所

夕阳西下时分，我们到达了希腊色萨利—中希腊区的卡兰巴卡小镇。还没下车，四周突兀的石峰和那上面的红顶建筑就引起阵阵尖叫。到达安东尼奥宾馆卸下行李，团友们立刻三三两两奔出门拍照，宾馆的阳台也是不错的机位点。第二天看了迈泰奥拉修道院群，才发现，头一天的风景充其量只能算小巫，当日拜见的才是大神！

吃过早餐出发，大约 15 分钟就进入奇峰突起、怪石嶙峋的山中，随着大巴车在盘山公路上的左弯右旋，一座座悬崖上的修道院不断映入眼帘：群峰绵延，如蓝色海水；红顶黄墙，如海中风帆。据说，迈泰奥拉希腊文意思是“飘浮在半空中”，也有人干脆称作“天空之城”。

卡兰巴卡这一带的石山中有许多天然洞穴，据说早在 9 世纪，就有基督教隐士到离地几百米的洞中修行，14 世纪时，开始有人在此建立修道院，最多时达到二十几座，现在仅存六座，其中两处是女修道院。大的修道院一般有教堂、博物馆或陈列室，还有花园、宿舍、厨房、贮藏室、医务室等设施，小的就一切从简了。我们参观了两处，一处是最大、最知名的大迈泰奥拉修道院，一处是号称最美的卢萨诺女修道院。

令人称奇的是，修道院的整座建筑都是巧妙设计、依山势紧凑布局。我们沿着之字形石道走走停停，间或穿过山洞中的石阶、室内的楼梯，半室外的走廊，喘着粗气爬到大迈泰奥拉修道院的山顶。根据要求，系上院方提供的长围裙（行前导游已重申，女士着装一定要中规中矩，即便这样，围裙也是我们的标配），开始参观。

中间是一个大的庭院，还有几个小庭院。在山崖边可眺望远处的群山和山下的田野村庄，风景很美。环绕庭院是教堂、宿舍等建筑。建筑外墙多是石砌，也有的最外一层是砖，中间填石，屋顶覆以红瓦，窗、门、楼梯和室内桌椅等都是木制的。教堂的穹顶和四壁都密布精美的壁画，可惜看不太懂，也不让拍照。看资料介绍，教堂有凡人大厅和圣徒大厅两个厅，壁画内容有所不同，前者介绍犯罪作恶者受到的惩罚，有些血腥，后者多是圣徒画像。

虽然现在有公路修到了院墙外，或修成了从山脚攀爬到山顶的石台阶，但原来几百年间，这里进出只能靠吊篮、绳索和木梯，十分危险和不方便。修道院为什么会建在这么险要的地方？除了躲避战乱、躲避异教统治者的迫害等原因，可能还有一个重要原因，那就是静修、隐修和苦修的需要。

据历史记载，基督教的修道主义始于三四世纪的埃及，一个名为安东尼的教徒，弃家舍业，到旷野和沙漠中，过一种与世隔绝的苦修生活，将睡眠、饮食等控制在仅能维持生存的程度，虔心祈祷，以求接近上帝，感召了无数人。同是埃及人的帕科米乌最先倡导集体的隐修生活，在四世纪创建了最早的修道院，制定了隐修规则。后来，经过巴西勒、卡西安、本尼狄克等从理论到实践的探索和总结，隐修制度日臻成熟。

他们认为，由于人性的软弱和各种恶习的诱惑，阻碍了人与基督的合一。而修道院生活，强调禁欲、安贫、服从和劳动，通过纪律的约束和自身的反省，使灵魂从肉体的禁锢中得到解脱，得以纯洁。因而，静修和隐修是必需的，遁世和孤独是必需的。迈泰奥拉这种从物理空间上拉大了与世俗社会距离的地方，实在是修身得道的理想之地。宗教的精神实质是相通的，在我们熟悉的中国和尚老道的故事中，透过我国深山老林中的道观寺院，分明也可体悟到静修和隐修的氛围。

大迈泰奥拉修道院因为早期得到富裕修士捐赠全部家产，后来还得到皇家捐赠和支持，因而是这里规模最大、可能也是地位最高的一座，里面展览的宗教圣物也最多。我们接下来参观的卢萨诺女修道院，规模小了许多，但同样依山势巧妙建筑，同样有精美壁画。这里山顶基本没有室外活动空间，只有悬桥外设置了一个圆形小观景台，飘扬着国旗。山顶风很大，袖珍花园被安置在主建筑下一个避风的小小山坳里，面积虽小，却是一片姹紫嫣红。

导游介绍，大迈泰奥拉现仅有六七位男修士，难怪我们一个也没遇到。在卢萨诺，我们倒是遇见了几位女修士或许还有志愿者。有的带领参观和讲解，有的出售她们自己制作的小工艺品，例如画着彩画的小石头，标价 2.5 和 4.5 欧元。看得出她们十分虔诚，游客中，有说话声音稍高的，立即会受到劝阻，生怕打扰了她们的上帝。

这里没有田地、没有果树，也没见有什么稍成规模的手工生产，仅靠出售小工艺品和并不高昂的门票收入（大迈泰奥拉修道院门票仅 3 欧元），恐怕是不够维持修士们起码的生活开支的，更不要说修道院运营的日常花费。估计应该与世界上大多数宗教机构一样，是要靠捐赠的吧！

看资料中发现，基督教修道主义中，有的是追求“赤贫”的。例如 13 世纪意大利人方济各建立的圣方济各修会（又称贫穷兄弟会），宗旨是舍弃一切财物给穷人，要一无所有、一无所虑地过贫穷生活，不得以任何理由接受金钱，靠双手劳动和乞讨化缘养活自己。该修会认为贫穷是通向恩典的唯一道路，可以使修士们一无所有却富有美德。方济各的忠实信徒佳兰，建立了圣佳兰贫穷修女会修道院，更是把赤贫的追求做到极致：规定不仅永远不得接受金钱，更不得接受和保留任何物品和财产，包括不准收取地租和其他资源性收入。每年至少要忏悔 12 次，在特定节日领取圣餐 7 次，不得穿鞋，不得睡在床上……看来，修士们的生活，不仅是静修和隐修，更是一种苦修啊！

世俗是看中当下的，宗教是希冀未来的。如今，在日益丰富多样的现实快乐和享受面前，要抵御的诱惑恐怕要比前人多得多，需要具备的自身定力恐怕也要大得多。因此，光顾这里的修行者注定只会是极少数。不过，迈泰奥拉群山似乎早已将这一切看透。

不论空中还是地面，不论出世还是入世，人的一生不过几十年，活法可以有千万种，尽可做出自己的选择，而选择后的实践，可以儿戏，也可以顶真。迈泰奥拉作为世界自然和文化双遗产，除了它的建筑和风景带给人感官的震撼，从古至今这里人们的精神追求也带给人心灵的震撼。

悬崖上的绝美，蓝白间的浪漫

圣托里尼岛位于距希腊本土200公里的爱琴海上，是基克拉泽斯群岛最南边的一座岛屿，别名锡拉。全岛面积近100平方千米，海岸线长近70千米。全岛由三个火山岩岛组成，据说，这里是神秘的亚特兰蒂斯文明的发祥地之一，也是古希腊文明中克里特文明的发源地之一。20世纪下半叶，考古学家曾在这里发掘到古代都市遗址。

什么都缺，唯独不缺悬崖

导游小李说，圣托里尼的美就像顶着红盖头的新娘，只有掀起盖头才能看见。的确，当蓝色之星游轮靠上圣岛码头时，心里顿时升起疑惑：怎么都是光秃秃的悬崖峭壁，网上传的那么多美景在哪儿?

及至访遍小岛的东西南北中，走过伊亚、菲拉、菲拉斯特凡尼、皮尔戈斯等小镇，才发现，这里的美景都与悬崖有关：悬崖步道，悬崖教堂，悬崖酒店，悬崖酒庄，连可爱的小毛驴都是悬崖山道上的专属交通工具。因为，圣托里尼本就是座火山岩岛屿，缺泥土、缺淡水、缺平地、缺绿色植被、缺平缓的优质沙滩，唯独不缺悬崖。是人经年累月的劳作，日复一日的雕琢，生生把一座荒岛打造成全世界人都向往的、一生必去的地方。

这是一座海岛梦工厂。

岛上缺平地，因此建筑只能像搭积木一样，层层叠叠往上垒，而不能肆意地摊大饼；岛上的一切都靠从外面运来，因此，房子不能太高，装修不能奢华。正是这诸多不能的限制（缺憾），激发了人的灵感。窗外一览无余的海景，无限拓宽了房间的面积；室内室外、花园街道，随处都是简约美观又有浓厚生活气息的布置。更难得的是，岛上常住人口 1.4 万，都是希腊本土居民，那些颇具审美品位和艺术想象力的设计，均出自这些乡村工匠之手。

更有一系列软环境的匹配：不见一个穿官衣的，却让人感觉秩序井然，管理有序；没有交通警察和红绿灯，司机们却懂礼让，不抢行；商家态度少见死缠烂打，看了问了不买也无心理压力；我们长时间坐在商铺前的石台上等着看日落，旁边就挂着标价上百欧元的浅色棉麻衣服，没见店家怕你蹭脏了而出来干涉。最好的服务就是无服务，让人随意、惬意，就有让游客流连忘返的魔力。物价水平，也不像设想得那么可怕，自费吃了顿午餐，与北京同等水平的午餐价格差不多。从雅典到圣岛来回都坐的 8 小时慢速游轮，原怕餐费贵，自带了食品，没想到上船后一看，餐食品种不少，价钱一点不贵。

白色乐谱上跳动着蓝色音符

我以为，圣托里尼人最大、最成功的灵感，当属蓝白色调的运用。这里的建筑外观，都以白色为主调，搭配米黄和浅粉，而教堂的穹顶、建筑门窗、楼梯扶手及栏杆，则主涂蓝色，颇有画龙点睛之效。天地之间铺开了一帧巨大的白色乐谱，上面跳动着蓝精灵般的音符，耳边仿佛飘来了雅尼那首《圣托里尼》。

这蓝白色调与周围的海景浑然一体，又在红灰褐色的火山岩色彩中跳跃而出。白色像白云、像浪花，蓝色如海水、如波涛。色彩学家告诉我们，见“色”起“意”，因“色”生“情”，色彩对人的生活、人的情绪有重要影响。白色代表纯洁、纯粹，蓝色代表澄澈、透明，都是构成爱情的基本元素。因此，圣岛注定成为婚纱摄影圣地、蜜月旅行热选。

不要以为这样的海岛只是年轻人的专利，在银发一族中，说不定也会有人生出邂逅浪漫的非分之想呢！就是什么都不想，在蓝和白的簇拥下发发呆，也是乐事一桩。看年轻人相拥相吻，如胶似漆，也能感受激情，享受温馨，勾起美好回忆。

有国内的建筑、环境景观等领域专家来此考察，他们认为，岛上民居很多属岩穴建筑，与我国北方窑洞很相像。百年以上的这类建筑，加装现代厨卫设施和设计装潢，投资不多却实现了可持续发展，也保持了传统文化特色和该岛村落环境个性。非常值得我国当前正大力推进的新农村建设借鉴。

奥赫里德湖畔玲珑小城

2017 年的巴尔干十国之旅，曾到访马其顿共和国（Macedonia），而两年后的 2019 年，它改名为北马其顿共和国（North Macedonia）。有团友打趣说，这下咱们的马其顿过境章可珍贵了！

此马其顿非彼马其顿

提到马其顿，多数人头脑中会出现亚历山大的威名，还有电影《亚历山大大帝》中的场景。公元前 4 世纪，这位古希腊马其顿王国的君主声名显赫，武功盖世，率军东征曾到达印度河流域，建立了横跨欧亚非三大洲的帝国。但遗憾的是，斗转星移，历史长河卷走了太多，后来的马其顿人，已非亚历山大大帝的血脉子孙。

六七世纪，斯拉夫人南下，有一支在此定居，同化当地民族，吸收拜占庭文化，创立自己的语言，形成新的民族，沿用马其顿的名称，这才是后来马其顿民族的祖先。或者简单说，古马其顿人是古希腊人的分支，而后来的马其顿人是斯拉夫人的分支。

湖光山色景致怡人

我们是下午五点多到达奥赫里德（Ohrid）的，放下行李就赶往湖边。奥赫里德湖位于阿尔巴尼亚与北马其顿两国交界处。只见水天一色，烟波浩渺，湖水湛蓝清澈，在夕阳照耀下闪烁着金色波光。虽已是仲春时节，还可见到远山顶上有未融化的积雪。四处绿树成荫，绿草如茵，鲜花盛开。

据说，这里一年之中大约有三分之二的日子是晴天，因此在古希腊被称为“阳光之城”。9 世纪，保加利亚人命名它为奥赫里德（斯拉夫语语意为“山巅之城”）。长长的栈道深入湖水，钓鱼的老人和骑自行车的少年都悠闲自得。一条条白色游船像白色珍珠，散布在湖面。红瓦白墙的房屋，依着山势，从湖边一直修到山顶，最上端就是奥赫里德古城城墙，红底和黄色太阳光芒的国旗飘扬在城头。

据说，奥赫里德湖是世界上最古老的湖泊之一，也是巴尔干地区最深的湖泊，面积近 400 平方千米，最深处近 300 米。但让人没想到的是，它的源头竟是另一个小湖的湖底泉眼，那就是几十公里外的圣南姆湖。据说奥赫里德湖水滋养了 200 种当地特有的动植物，比如 17 种地方鱼类，比如藻类植物，蜗牛和甲壳类动物，等等，还栖息着种类繁多的禽鸟。

名城配名湖，奥赫里德古城和奥赫里德湖是世界自然与文化双遗产地，截至 2021 年，全世界这样的双遗产地仅有 39 处！当地有一个民间谚语：你想一天幸福，就去喝酒，你想一年幸福，就去爱，你想一生幸福，就去种树。许多重要时刻，他们都会想到去种树。看来，这自然遗产桂冠不仅得益于上天恩赐的自然条件，也得益于百姓对自然生态的热爱和维护。

悠久历史和浓郁艺术气息

奥赫里德古城据说是公元前 2 世纪开始修建的，面积不是很大，古迹却众多。山顶的塞缪尔城堡（又称奥赫里德城堡），因塞缪尔建立第一个斯拉夫人王国并定都此地而得名。是 10—11 世纪在古罗马城堡基础上建成的。站在城墙上，可俯瞰层层叠叠的古城建筑、一望无际的奥赫里德湖，景致绝佳。离城堡不远，有 2000 多年前的古罗马圆形剧场。

奥赫里德被人称为“巴尔干的耶路撒冷”，因为它曾经拥有 360 多座教堂和修道院。最迷人的是建在悬崖边的圣约翰教堂。圣索菲亚教堂是这里最大的教堂。圣潘捷列伊修道院，据说始建于 9 世纪，是最早的古斯拉夫修道院，于 2000 年重建。据说奥赫里德保存有 800 多幅 11 世纪至 14 世纪末拜占庭风格的画像，存留的拜占庭风格壁画超过 2500 平方米。

这里每年举办奥赫里德之夏国际艺术节，还有巴尔干民间歌舞节。湖畔的中心广场矗立着许多历史名人雕像。捧着书本奋笔书写的，是圣克莱蒙特，他在 9 世纪创办了巴尔干第一个斯拉夫语学校——奥赫里德文法学校，被奉为斯拉夫民族教育和语言的守护神。手中托着城市建筑模型的，据说是奥赫里德城的创建者。

北马其顿共和国只有206万人口，2.57万平方千米土地，却是个崇尚诗歌的国度。同样坐落在湖畔与奥赫里德相邻的小城斯特鲁加（Struga），每年会举办国际诗歌节，可惜我们只是路过，没有停留。第37届斯特鲁加国际诗歌节的“金环奖”授予了我国诗人绿原。去参加颁奖典礼时，绿原先生带了印有他这首诗的纪念品：

人必须用诗寻找理性的光，
人必须用诗通过丑恶的桥，
人必须用诗开拓生活的荒野，
人必须用诗战胜人类的虎狼，
人必须同诗一路勇往直前，
即使中途不断受伤。

诗歌无国界，热爱艺术、热爱生活的人都能读懂它。

因吸血鬼传说名扬天下的城堡

欧洲的城堡成千上万，知名的原因各有不同。有的因地势险要，有的因历史悠久，有的因传承复杂，有的因住过名人，有的因建筑独具特色，还有的因文化内涵丰富。罗马尼亚的布朗城堡却是因吸血鬼的传说名扬天下，每年吸引成千上万的旅游者。

布朗城堡坐落在罗马尼亚古代三大公国之一的特兰西瓦尼亚地区（其他两个公国是瓦拉其亚和摩尔多瓦）。这是一座典型哥特风格的城堡，建在一处突兀、陡峭的山岩上。沿着一段 100 米左右的陡坡，我们来到入口处。据说以前因防御需要，大门是堵死的，人员进出仅靠一条绳索攀上攀下。

仰头望去，城堡最高处离地大约 60 米，地面之上有三层，红瓦白墙，在阳光照耀下十分漂亮，如果不提吸血鬼，这城堡和欧洲许多城堡一样，有种童话氛围。熙熙攘攘的参观者也让人不必担心撞上鬼，而只会撞上人。从城堡顶部俯瞰，周围的田野山林尽收眼底，一片郁郁葱葱。

城堡内部给人“麻雀虽小五脏俱全”的感觉，因为面积有限，房间都不大。楼梯都又窄又陡，仅容一人通过。通道七弯八拐，初来者很容易转向。转角处有高高的角楼，用来储存火药，设有活动翻版，可向下泼热水等抵御来犯之敌。朝内即朝向天井的方向，角楼之间有走廊相连。窗户都比较窄小。城堡还设有暗道。

作为博物馆，各个房间展览着昔日主人收藏的精致家具、工艺品，展示着古代武器，如长矛、火枪、盔甲，还有徽章等。据说有一个展厅是与吸血鬼有关的，比如绞杀女巫的椅子，可将全身血液抽干的刑具。还有木质棺材，供胆大的人进去躺一躺，体会吸血鬼从里面爬出亮相世间的感觉。幸亏我没找到此展厅，避免了受刺激。

这么一个藏在深山的城堡怎么与吸血鬼扯上了关系呢？这就要提到爱尔兰作家斯托克。他 1847 年出生于都柏林，幼年时因病长期卧床，母亲就讲些鬼怪故事给他解闷，结果在他心中播下文学和魔幻的种子。从圣三一学院毕业后，虽然不得不遵从父命，做了一名公务员，但他放不下当作家的梦想，业余时间坚持写小说，多是惊悚恐怖小说。31 岁时终于干上与文学沾点边的工作——戏院演员经理人。1897 年出版小说《德古拉》：

伦敦青年律师乔纳森，受邀来到特兰西瓦尼亚的一座城堡，拜望德古拉伯爵，办理为他代买伦敦房地的手续，却进入一个诡异世界，发现传说中的吸血鬼竟在眼前现身。不过又不是以往青面獠牙的丑陋形象，而是身材修长，举止文雅，面带忧郁，有情有义……不过，魔鬼终是魔鬼，改不了祸害人类的本性，人们还是齐心协力消灭了他。

《德古拉》小说一经出版就大受欢迎，还从此开创了一个吸血鬼文化潮流，相关内容的电影也不断问世，比如 1931 年的《德古拉》，1992 年的《惊情四百年》。好奇的人们纷纷想找到它的现实出处，于是，布朗城堡在众多城堡中"幸运"中选，被认定为德古拉城堡。其实，城堡的历史比这个吸血鬼的历史要长得多。

13 世纪初，这里曾有木制城堡，被蒙古人摧毁。14 世纪，为抵御土耳其人，匈牙利国王在此构筑城堡作为防御工事，还兼带处理关税和行政事务。15 世纪，城堡归特兰西瓦尼亚大公管辖。17 世纪，布拉索夫市成为城堡所有者。1920 年，特兰西瓦尼亚的部分地区被从匈牙利划归罗马尼亚，布拉索夫议会将城堡赠给罗马尼亚玛丽皇后，皇后去世后由公主伊莱娜继承。1948 年收归国有。2005 年罗马尼亚通过法律，将以前没收的财产物归原主，伊莱娜的子女重获城堡产权，让其继续当作博物馆，向公众开放。

地心深处是灵魂歌唱的天堂

维利奇卡盐矿距离波兰古都克拉科夫大约 15 千米，是欧洲最古老的盐矿之一，开采历史可远溯到 13 世纪，还有资料说自 1044 年即开始开采。总长度约 250 千米，里面有大小厅堂、洞窟 2000 多座，教堂 40 座，上下共有 9 层，对游人开放的虽仅到第三层，但也已达地下 130 米的深度。而 9 层的最深处则达 327 米，那里还有面积硕大的盐湖。

欧洲最古老的盐矿

1978 年盐矿以岩盐雕刻和矿山艺术工程入选世界文化遗产名录。1995 年停止开采，成为盐矿博物馆。

巷道两边的坑木有的漆成了白色，有的还是原木色，导游说白色的都是早期的，因那时没有电力，矿工带一盏油灯下矿，白色反光可以增加亮度。果然，在一段白色坑木上，挂着 1666 年的标牌。一会儿，导游又指着一处坑木告诉我们，经过几百年的风化演变，木质已变成石质了，这大概就是木化石吧！

最壮观的当属宽阔大厅上方的伞式支撑结构。先用三四米长、30 厘米宽、15 厘米厚的木板几个一组搭成竖的立柱，在上面用同样材料搭横向层板，再在层板上面搭第二层竖向立柱，一直可搭三四层，也就是相当于十层楼的高度。竖向立柱和横向层板之间，则用正方体棱木做多维度的正八字和反八字支撑。从各个角度看，均像打开的伞骨，既符合建筑力学的要求，又尽显形式美感，因而得名。最大的一处伞式支撑结构下面，矗立着发明此结构的两位矿工的雕像。

苦难与辉煌

多年前，曾经到过中国最大的井盐生产地自贡，参观了不少历史遗迹，还见到不少抗战时期的老照片。照片上的工人多只穿一条短裤，甚至一丝不挂，勾身驼背，浑身汗水涟涟像刚从河里捞起的一样。著名的盐帮菜食材以牛肉为主，口味以咸辣为主，因为盐工不吃肉就干不动重体力活儿，再黑心的老板也明白这点，而畜力汲卤每年会有大量病老弱牛下岗被食用，咸是补充因大量流汗损失的盐分，辣是开胃可多吃一些饭。自贡盐工俚语中说：“受尽人间苦，身强力壮变枯骨。吃穿用住不如狗，老病伤残无处靠。”

反观维利奇卡盐矿，几百年间，矿工应是凭着双手，用锤和镐开出岩块，凿出洞窟；现在高大通畅的巷道，起初应是只能跪着、爬着前行；一定也有塌方，有瓦斯或其他什么物质集聚引起的爆炸；阴暗、潮湿再加盐碱的腐蚀，粉尘的弥漫，矿工们一定也多患有风湿病、矽肺病或其他什么我们说不上名字的疾病……总之，维利奇卡矿工的生活和劳作想必也曾是异常艰难、异常辛苦、异常悲惨的。但，这苦难的种子却结出了辉煌的果实。

在所有的厅堂中，最有名、最让人赞叹的是圣金嘉公主礼拜堂，它高10米，长54米，最宽处18米，位于地下101.4米处。大厅上方悬挂着晶莹的吊灯，岩盐壁上雕满了精美壁画，俨然一座璀璨的地下宫殿。壁画多是宗教题材，也有战争和日常生活题材。在一幅《最后的晚餐》前面，导游让我们找哪个是犹大，有团友很快据表情予以指认。我则偏爱一幅波兰版的“回娘家”：长满络腮胡的长者，一手拄杖，一手牵毛驴；毛驴上端坐着一位年轻妇女，怀抱婴儿，神态恬静悠然，背景是波兰城乡随处可见的教堂。

雕刻手法主要是浮雕，也有少量的立体雕塑塑像。人物表情栩栩如生，物体和装饰花纹十分精细，线条流畅。谁又能想到，这些作品并不出自专业人士之手，而是由三位矿工，花费67年时间，在19世纪的1896年全部完成。

人生百味，人性多姿

想想看，100多年前，这几位生活在社会底层、地心深处的矿工，他们可以逆来顺受，混吃等死；他们可以怠工寻衅，发泄愤懑；他们也可以酗酒、赌博、嫖妓……总之，他们有一切选择低俗、堕落、自轻自贱的理由。然而，他们没有。这里，分明看到了生命的隐忍、宗教的慰藉、心灵的不屈。有艺术天分的矿工，将谋生的地狱变成了灵魂歌唱的天堂。在黑暗的百米地下，他们把虔诚献给主，应是感受到幸福的。

学导游的样子，用手指刮一下岩壁放进嘴里，整个口腔立即浸满咸中带涩的味道。直到两个小时后升回地面，那味道依然挥之不去。

人生百味，人性多姿。

坐着火车去莫斯科

人真是个怪家伙，没钱的时候想致富，有钱了又为钱花在哪儿纠结；没时间的时候盼空闲，有空闲了又为该干什么烦恼。对于出行也是这样，走路时想骑自行车，骑自行车时想坐汽车，坐汽车时想坐火车，坐火车时想坐飞机。但人的欲望和心思可不像技术发展那样纯线性推进，往往会有后退和旁门左道。这不，在坐飞机出国走了40多个国家以后，我对坐火车游俄罗斯的行程着了迷。是怀旧，是慢旅，是放空？抑或还有其他什么。筹划一年多的俄罗斯火车之旅终于启程。

号称中华第一车的绿皮火车

俄罗斯火车之旅第一段，乘坐的是K3次绿皮国际列车，它是目前中国铁路运行里程最长的一次列车，号称中华第一车。跨越欧亚大陆，穿行中蒙俄三国，全程7692公里，停靠46站，行车127小时，大约是6天5夜。不过，为了把西伯利亚美景慢慢看、慢慢品，也为了中间的调整休息，旅行社给我们安排的是中途经停伊尔库茨克（Irkutsk）、新西伯利亚（Novosibirsk）两座城市，游览一两天后再上车的行程，可说是经典的火车慢旅。

俄罗斯火车之旅第一段，从北京至伊尔库茨克，大约行驶两天半时间。感谢旅行社的贴心安排，给每人发了一件K3纪念T恤，墨绿的颜色，与K3列车车厢颜色是一样的，胸前的字体与列车车牌字体是一样的！更感谢缘分，巧遇几家媒体采访即将退休的模范乘警章赫警官，邀请我们穿K3纪念T恤的几位团友出镜，使我们得以了解这个职业的辛苦和不易，更见证新老交接的庄严一幕。

章警官值乘33年，没有请过一次病假事假，轮休期间还无数次顶班上岗，让人很容易联想出他和他的家庭做出了怎样的奉献。他说退休后的最大愿望是骑上心爱的摩托车，带着妻子去旅行。原来，在威武严肃的外表下，警官也有一颗向往诗和远方的心。

这些大老爷们儿，提醒旅客注意这、注意那时，却是格外细声慢语的“暖男”腔调。有时我们自己忘了，他们会跑来通知，下面这站停的时间长，可以下去照相，在我们下车时再关照一下会停多长时间。他们的扫把和抹布，使设备陈旧的列车保持着整洁的状态。只是，他们偶尔的稀松，譬如天太热时脱光了赤裸上身，譬如晚饭多喝了点酒被敏感的美女闻到，都让人感觉还有提升的空间。

在整洁美丽的中蒙边境城市二连浩特，K3列车要进行换轮作业，因为中国列车采用的是标准轨距 1435mm，而蒙古国、俄罗斯采用的是宽轨距 1520mm，导致每次过境必须换匹配的车轮和转向架。换轮作业历时 4 小时，要将列车分节倒进换轮库。允许乘客观看，但必须关在车厢内，虽然我们又热又渴，不敢喝水，车内噪声也很大，但比起工人师傅的辛苦，就不算事了，也是难得的人生体验。同车车友有几位工程界的理科男，在他们的指教下学着观看门道。

异国情调的俄罗斯灰皮火车

俄罗斯火车之旅第二段，从伊尔库茨克至新西伯利亚，乘坐的是俄罗斯铁路 81 次列车，时间大约一天；第三段，从新西伯利亚至莫斯科（Moskva），乘坐的是俄罗斯铁路 99 次列车，时间大约两天半。俄铁车皮颜色是灰色，上压红色斜体字母，姑且叫它灰皮火车吧！

俄铁乘务员，有帅小伙、美少女，也有胖大妈。一位大妈级的列车员，慈爱地给我们的小团友梳小辫儿，不是那种从根部就分成三股的两根中式小辫儿，而是随抓随分股的独根俄式小辫儿，小姑娘的头顶美得像一朵花蕾。听导游调侃“俄罗斯十大怪”，其中有一怪是“街上要烟不见外”。我有心尝试又不会抽烟，就在美女乘务员停车下去买瓜子后，伸手跟她要，不拿自己当外人地体验了一把。感觉这些乘务员不像传说中的刻板、教条，比较随和，搞卫生也很勤快。

列车员的工作服很漂亮，与火车的内外颜色很搭。当他们着制服站在车边值乘时，昂首挺胸，显得很精神。当然也很职业化，公事公办。我们眼睁睁地看见一个小伙儿，肩背、手提拉扯着六七个包包，在列车刚拉响汽笛开始启动的那一刻，赶到我们对面那列火车车门前，列车员却坚决地将他拦下了。虽然车速还很慢，我们着急地喊着快上快上，但列车员不为所动，小伙儿也不做纠缠。

我观察到，不知是随意还是有意，远途的俄罗斯乘客和外国乘客（我们在这儿就算外国人），是分开车厢的。短途的，则是混合的。在混合车厢中，虽语言不通，有不少人还是会想办法打招呼，聊两句，有团友夫妇俩拿出翻译机，和同车厢的俄罗斯夫妇聊得火热。团友中一个打呼噜的老兄告诉我，为了不影响同包厢外国友人休息，他熬到半夜才进包厢躺下，天不亮又爬起来了。但自认为重量级的他没想到，与后来上来的一个俄罗斯人相比，只能算小巫见大巫。只有极少数俄罗斯人不太愿意搭话，还有的经常关起包厢门，我们的团友也就入乡随俗，不去打扰他们了。

团友中有扛长枪短炮的摄影发烧友，有在车上竭力克制着烟瘾的老烟民，有想多尝几种奶香浓郁冰激凌的馋嘴吃货，我们的共同难题是，进入了完全陌生的俄语世界，怎么知道停靠的是什么车站，又怎么知道要停靠多少时间？我发现，车上有俄语的列车时刻表，但它认识我我不认识它，连读音都蒙不出来。仔细看，后面有英语站名，再拿着我带的中英文对照的大幅俄罗斯地图，绕个弯子，解决了问题。这样，我自告奋勇担任了情报员，提前预报以便大家做好准备。不过也有出错的时候，一次烟民老兄早早做好准备，左等右等就是不停车，我只好比画着去问列车员，原来是换了时区，要推后一小时。

还想特别提提俄罗斯的边检。从蒙古国的边境城市苏赫巴托尔（Suhe–Bator）出境，到达俄罗斯的边境城市纳乌什基（Naushki）入境，是半夜12点多。边检的兵哥哥制服合身，皮靴油亮，面部表情严肃但不严厉。牵缉毒犬的人时刻绳索在手，可看出刻意用皮靴把警犬紧紧圈在包厢门边，以免惊扰旅客。具体检查的人，穿工作服，戴手套、鞋套，专业更敬业，每个包厢都脚踩下层床铺，爬上去检查。包厢位于火车走道顶部的空间，是放置行李杂物的，连那上面的螺丝都被拧开，以便卸下天花板检查。就这样每个包厢查过去，一个都不能少，难怪要停车两小时。我们虽困得哈欠连连，但还是心生敬意。

跃动的世界最长铁路的脉搏

结合这次火车旅行，拜读了英国著名交通事务作家、交通史学者克里斯蒂安·沃尔玛的《通向世界尽头——跨西伯利亚大铁路的故事》（以下简称《尽头》），明白我们的视野必须从我们乘坐的列车再拓展开去，从全球视角，来了解这条世界最长的铁路——西伯利亚大铁路。

我们从进入俄罗斯境内开始，就进入了西伯利亚大铁路的支线，从伊尔库茨克的前一站乌兰乌德（Ulan–Ude）开始，即进入西伯利亚大铁路的主干线。我们从伊尔库茨克向西至莫斯科，实际只走了全程的一半，而身后，从伊尔库茨克至东边的太平洋港口城市符拉迪沃斯托克（海参崴，Vladivostok），还有一半里程。

西伯利亚，是乌拉尔山以东地区统称，一个宽泛的区域概念，我们从记事起就不断从天气预报中听说的寒流策源地。横跨七个时区，面积 805 万平方千米。西伯利亚大铁路，全长 9298 千米，1891 年开始修建。1904 年，连接中国东北中东铁路的西伯利亚大铁路竣工，1916 年，俄国境内西伯利亚大铁路全部竣工。

K3 次国际列车在蒙古国行驶一天一夜后来到俄罗斯地界，明显感觉植被比前一天看到的茂密了许多。到达伊尔库茨克前大约五个小时的行程，基本是环绕贝加尔湖的，或贴着岸边行驶，或望见湖水在树林的枝叶间露出波光，在古朴的小木屋间荡着涟漪。火车像一位矫健的舞者，或向左边扭动腰身，或向右边伸出臂膀，与贝加尔湖嬉戏着、打闹着，奔向前方。透过打开的车窗拍摄，那湛蓝的湖水就像要涌进车厢、涌进胸膛。

这一路的风景，看得最多的好像是白桦林和红松林，前者摇曳多姿，后者笔直挺立。与我们在国内常见的栽种林不同，没有整齐划一的行间距，而是密密麻麻地簇拥着，地上铺着厚厚的落叶。有的许多枝干很细的树挤在一起，显然没经过间苗，呈现原生态林的样貌。九月中旬，树叶多数还是绿色，也有部分开始变黄、变红。

再一个突出印象是人烟稀少，隔很长距离不见一个村庄。俄罗斯原野，广袤空阔；俄罗斯乡村，安宁静谧；俄罗斯木屋，古拙朴素。

火车旅行，有一种近地的丈量感，那一处处车站，就是一个个坐标点。套用走马观花的成语，我们可以说是走车观站。开始纳闷儿，怎么这一路的车站虽颜色不同，但样式较统一。淡色的外墙，建筑物面向站台的部分呈一字排开的形状，小站是一层，大站有二三层，主站台上部挑高。站台宽度适度，上覆简洁雨棚，高度也适度。天桥多数是敞开的，只有一两条主要天桥是封闭带棚的，可能是考虑风雪严寒季节上车的方便。看了《尽头》一书才知道，原来从建设初期，就专有规划部门对铁路及沿途车站的工业建筑、旅客建筑和办公建筑进行规范。

印象最深的是新西伯利亚火车站，据说是俄罗斯铁路最大的一座火车站。高大宽敞，富丽堂皇像宫殿。大理石地面和立柱，反射着豪华吊灯的光芒。宽阔的楼梯，两边是大理石和木雕镶嵌的扶手。大厅展板墙挂满孩子们的绘画。我还误打误撞，走进一个大展厅，看到了俄罗斯古典服饰展览，美轮美奂，与车站建筑相得益彰，氤氲着浓浓的艺术气息。

就地取材的火车头展示，似乎是这里车站装饰的一大特色，最漂亮的当属巴拉宾斯克（Balabinsk）站。尊重传统、崇尚英雄的民族性格，在车站的方寸天地也展露无疑：在彼尔姆（Perm）站，墙上的铜牌似乎与卫国战争中的英雄有关；在基洛夫（Kirov）站的警务室外面，挂的可能是在此工作过的模范人物的头像。想起苏联电影《这里的黎明静悄悄》，女兵们的对手德国空降兵，目标是突袭基洛夫铁路，不知是不是就在现在的基洛夫车站附近。这里的黎明依然静悄悄，愿烈士英魂安息。

不过，也有美中不足，所有车站上下车，都需拎着行李箱走两段上坡和下坡的楼梯，楼梯上哪怕加个不怎么好用的窄窄坡道也让人谢天谢地了。

听从领队小薛的提示，从叶卡捷琳堡（Yekaterinburg）站驶出，我就站在两个车厢结合部，将手机贴在冰冷的车窗玻璃上做好准备，大约半小时，距莫斯科 1777 千米处，终于拍到亚欧分界线碑。在莫斯科的雅罗斯拉夫车站，早就做好功课的团友杰西卡，为我们拍下了西伯利亚铁路 0 千米起点的标识。还有伊兰斯卡雅（Ilanskaya）站卖松子的小贩，基洛夫车站热情招手的司机和比着剪刀手的搬运工，巴拉宾斯克车站隔着铁丝网高声叫卖的胖大妈，再有每个停车站都见到的表示与莫斯科距离的标识牌……都让我们的旅途一路和着这条铁路的脉搏一起跃动。

渐行渐远的人和事

新西伯利亚市原本是为修铁路建的小镇，1895 年定名为新尼古拉耶夫斯克，1926 年更名为新西伯利亚，现在是俄罗斯第三大城市，也是俄罗斯东部最大城市。导游带我们来到鄂毕河畔，沙皇亚历山大三世的青铜雕像矗立河边，当年正是他下令修建西伯利亚大铁路。人们为表示纪念，特意在雕像身后保留了一段鄂毕河铁路桥的旧桥身，不远处，列车正从新铁路桥上飞驰而过。

在西伯利亚大铁路之前，俄国已修建了圣彼得堡（Saint Petersburg）至莫斯科的铁路，至华沙的铁路，至车里雅宾斯克

（Chelyabinsk）等地的铁路，但横贯俄国东西国土的西伯利亚大铁路却屡屡提起又屡屡摆不上日程，原因自然很多：国际和国内的战事频仍，财政拮据，技术落后，部门掣肘……亚历山大三世为何会勉为其难，举全国之力来修这条铁路呢？有学者认为，首先是俄国农奴制改革后资本主义经济开始发展，西伯利亚开发的经济价值凸显；其次是俄国在克里米亚战争中兵败，向西夺取黑海和巴尔干地区受挫，于是在东北亚地区与英法德意日等国角逐的战略意义凸显。也有学者认为，沙皇考虑的主要是调运军队等军事和政治目的。

沙皇不会想到，俄国境内西伯利亚大铁路全线竣工的第二年就爆发了十月革命，在红色政权对抗白军武装、在卫国战争中的军队调运和最后的对日宣战中，这条铁路的军事价值都得到充分体现。1941 年德国入侵苏联后，几周内大部分重工业工厂就通过铁路转移到中东部，德军兵临莫斯科城下最紧急的时刻，车站的一些火车头始终冒着蒸汽，准备中央政府可能的东撤。而我们参观过的新西伯利亚国立模范歌舞剧院，就是当时的备用克里姆林宫。

西伯利亚大铁路这个庞大工程，光有沙皇的决心是远远不够的，经办人的能力和忠诚也至关重要。而历史恰恰就在这个时间节点上贡献了一位天才——先后担任交通和铁路大臣的维特。具备财政和铁路双重管理经验，绝顶聪明睿智。他拉大旗作虎皮，请皇储尼古拉担任铁路委员会主管（后登基成为沙皇后还在任了两年），实际自己掌控，有效排除干扰，集中权力运作。西、中、东几个分段的总工程师，也属复合型人才，敬业且有奉献精神，用现在的话说，他们是戴着镣铐跳舞。

这让我想起之前参观过的、与西伯利亚大铁路差不多同时期修建的巴拿马运河工程，想到失败的英雄——法国人雷赛布。他因成功主持苏伊士运河工程而名扬四海，74岁高龄时接手巴拿马运河，但因工程勘测设计草率，经营管理混乱、大量人员病亡，巨额资金不知去向，十年后公司破产。20年后美国人才将运河修成。历史人物的作用，在比较中更见分量。

西伯利亚大铁路沿线气候恶劣，地质条件复杂，要经过泰加森林、沼泽地带、永久冻土层和数以百计的湍急河流。看了《尽头》一书，了解了许多施工中的艰辛和磨难，才觉今日的风景格外艳丽。曾纳闷儿，怎么火车一路没穿过什么隧洞？原来是为了规避工程难度和节约费用。仅从伊尔库茨克至车里雅宾斯克的一段，就建造了635座单孔桥和23座多孔桥。多数桥是木桥，后来才慢慢替换成铁桥。

由于资金短缺，贪腐盛行，许多路段有严重的偷工减料，致使路堤过窄、弯道过急、道渣过少、坡度过陡，排水不充分——现在想想还让人后脖梗子发凉。弯道急了，掌握不好减速技术，火车就会脱轨；道渣少了，冻土层夏天解冻后，枕木会因缺少石头支撑陷入泥中，将在重压下断裂；坡度陡了，火车头能带动的车厢可能要减少一半。与我们耳熟能详的手法如出一辙，虽然有合同审核规定，那时的承包商也会玩儿将大合同化整为零的把戏，轻而易举就使规定成了废纸，发财可一点不耽误，而铁路初期的事故数量却多得惊人。

铁路陆续分段竣工，分段通车，一些权宜之计也应运而生。环贝加尔湖南麓线修通前，火车要在湖上乘轮渡。一些河流上曾在冬季铺轨，火车经过时，人员全部下车步行，少数工作人员押车，还打趣说，若冰面断裂，也是他们先“光荣”。此外，车厢下的空间，成为偷懒之人走捷径的通道，车厢顶部更是想免费乘车者的座席，无数人因此丧命。

尼古拉二世在还是皇储时，受父皇亚历山大三世派遣，于1891年到达海参崴出席西伯利亚大铁路奠基仪式，然后历时三个多月，穿越西伯利亚地区返回圣彼得堡。在伊尔库茨克旧城中心的基洛夫广场，我们看到一座青铜微型城市模型。文字介绍中提到曾有一座皇储尼古拉大门，猜测应与他此行有关。尼古拉二世是唯一一位踏上西伯利亚土地的沙皇，但又是在不具备沙皇名分的情况下，这一次是皇储，下一次就是退位后的流放，最终全家在叶卡捷琳堡被处决——历史常常会捉弄人！

随着大铁路的修建，西伯利亚大片无人区涌来了移民潮，建了村镇，涌现出一批城市。1896—1905年的十年间，就有超过100万的移民迁居此地，约等于此前一个世纪移民人数的总和。到1906—1915年的下一个十年，移民人数则超过300万人！也有资料说，20年间移民西伯利亚的人数至少在500万人！到“一战”开始时，这里的耕地面积翻了一倍以上，牲口数量翻了三倍多，小麦和黑麦也有很高的产量。西部的圣彼得堡和莫斯科居民的肉食供应，有一半来自西伯利亚。黄金和煤炭成为这里首要的采矿业，毛皮占世界毛皮贸易 40% 以上。

西伯利亚，在古突厥语中意为“宁静的土地”，何止是宁静？它还曾是荒芜、偏远、落后、罪孽的代名词。西伯利亚大铁路的修建，极大促进了这一地区的社会经济发展，使旧貌变新颜。我们在车厢中交谈的对象，我们在车站上擦肩而过的当地人，许多应该就是西伯利亚移民的后代，就是各行各业西伯利亚建设者的后代。他们创造了历史，历史也成全了他们。

美在缤纷的色彩中

伊尔库茨克是距贝加尔湖最近的城市。贝加尔湖则是伊尔库茨克最靓丽的名片。

贝加尔湖给人最深的印象是蓝色，那蓝深邃、广阔，又率性、明媚，像是天公巨大毛笔点下的一团蓝墨，浸染大地，流向天边，融入同样是蓝色的天际线。有人把它比作西伯利亚的蓝眼睛，确有几分贴切。

湖水蓝，鱼获白

李健的《贝加尔湖畔》可说对推广贝加尔湖旅游功不可没，在伊尔库茨克，有中国人的地方就能听到那优美的旋律，感觉它四分之四的节拍很好契合了湖水的律动。不过，总感觉作者只是给出了贝加尔湖圆舞曲的一种可能，实际上，不同季节来，大自然会变幻出不同的乐谱。不同的人来到此地，胸中也会有不同的贝加尔乐章。年长者来了，会品出苍茫，年少者来了，会喊出激昂；颓唐者来了，曲调是寂寥，幸福者来了，旋律是多情；失恋者来了，会吟出悲凉，热恋者来了，会嗅出甜蜜。

参观了贝加尔湖博物馆，建筑简朴甚至显得简陋，地方不宽敞甚至显得拥挤，也没有太高大上的声光电的器材，但是展览内容绝不含糊，称得上丰富多彩，兼具知识性、趣味性，是个老少咸宜的科普课堂。图表绘制精心，标本制作精良，对于珍稀的淡水海豹，馆内不仅饲养了两只供游客参观，还用动漫形式演示了它的进化过程。我们这个老年团正好和一个俄罗斯老年团并肩参观，都看得饶有兴味。馆外还备有一个海豹的卡通画板，供游人留影。年龄最大的团友“淘气”地伸进脑袋，我手疾眼快，抢拍了下来。

贝加尔湖实在是太大了，我们只看了它的一角，不过也尽显高低不同的样貌。漫步湖边，迎湖风猎猎，湿雾拂面；乘游艇周游湖面，充分领教了它时晴时雨的小孩子脾气；乘缆车到达山顶，宽广的湖面一直铺展开去，近处的树林山石簇拥着萨满教祭祀的彩带，天人合一、心旷神怡的感觉真是用言语难以表达。

贝加尔湖是世界最大的淡水湖，占全球淡水含量的 20%，长 635 千米，宽度最窄 27 千米，最宽 80 千米，总面积 31500 平方千米，最深 1640 米。喜欢贝加尔湖的美，更喜欢贝加尔湖的静，希望它能保持不被人类惊扰的原生态，传给子孙后代。

在伊尔库茨克，有两顿午餐都是在利斯特维扬卡小镇同一家餐厅吃的，环境典雅有特色，餐食不仅美味还很美观。印象深的有两道菜，一是用贝加尔湖特产奥姆雷（秋白鲑鱼）做的烤鱼，里嫩外不焦，没什么作料，就是加点盐、胡椒和柠檬汁，完全是本味儿；二是沙拉，做成了拿破仑蛋糕的样子，以为是甜点，切开看原来有生鱼片、甜菜配洋葱、胡萝卜和土豆。两道菜都很鲜美。

生活在安加拉河和贝加尔湖边，白色渔获就是上天给居民的最好馈赠。参观了这里的鱼市场，淡淡的鱼腥气合着浓浓的烟火气，扑面而来。边逛边听美女导游介绍各个品种，与我国沿海沿湖地区喜欢吃鲜鱼不同，这里好像多数是经过风干和腌制的品种，可能与这里气候有关，也可能与居民饮食习惯有关。

黄色木屋，金色广场

早就在网上看到，到伊尔库茨克，小木屋是一个看点。到达第二天，冒雨参观塔利茨民族建筑博物馆。这里的木屋建于17—20世纪，收藏着2万多件展品，有俄罗斯、布里亚特、鄂温克、图法拉尔四种风格，后三个是贝加尔湖地区本地民族。以用途区分，有教堂、政府办公地、弹药库、学校、场屋和庄园住宅等。

这些建筑的墙体、地板和屋顶都是木质的，是名副其实的木屋，当地木料丰富得让人羡慕。可以看到粗糙的榫卯结构，木料以本色示人，并不刷彩色油漆，只立柱和窗户有简单雕饰，这一方面说明当时经济的不富裕，另一方面也表现崇尚朴素的审美观。

应该是适应当地的严寒天气，木屋不很高，墙体很厚实。外围有防御功能的碉堡式木屋，窗户很小。从外貌看，木屋整体有一种古朴、敦实、沉静的美；从内部装饰摆设看，简单中透着典雅，平常中蕴含情趣。当时的人们一定顾不上把日子过成诗，而后人却不远千里来此找寻诗意。

这里还吸纳一些民间工匠和艺术大师，开设作坊，售卖作品。我的相机捕捉到一位帅气的老木匠，由给他拍照接着来到他的摊位前，作品如人，他的作品也很帅气并有灵气。特别是雕刻有女性乳房的木盒子，让人惊讶于中俄两种文化的差异。中国木雕中很少见到裸体形象，以人体某一部位为描绘对象的就更少见。不要说皇家御用工匠不选此种题材，民间工匠为避嫌或显示自身格调，也大多不做此种营生。而这里的民间工匠，雕这样的作品似乎很稀松平常，雕得很艺术，而且很坦荡地展示、出售，接受中外游客的夸赞，并以此维持生计。

在伊尔库茨克两天半的时间，逛大街和走广场恰恰都在下午和傍晚，走过了马克思大街和列宁大街，走过了“二战”胜利纪念广场、基洛夫广场、亚历山大广场和青年岛，艳阳高照或夕阳西下，金色阳光照在林木花草、建筑物和人们脸上，广场也变成金色的海洋。

这里虽然距离首都莫斯科很遥远，但似乎并不缺少时尚元素。走在马克思大街上不到半个小时，就遇到两个拍写真照的美女。我们的美女导游李兰，随便地倚着白桦树，拍出来就有艺术范儿。深情依偎的男女，不论青年还是中老年、不论情侣还是夫妇，脸上满满都是幸福和甜蜜。还有像牵狗狗一样遛娃的孩子妈，嬉戏打闹的儿童，静坐晒太阳的老人，都向人传递着金色中包含的温暖、安逸和满足。

最是绚烂数教堂

要说在伊尔库茨克色彩最丰富的，还要算教堂。

李兰说，她认为喀山圣母大教堂是这里最漂亮的教堂。的确，湛蓝的天空下，是红蓝白三色相间的教堂，远远的，我们就被那浓烈的色彩和强烈的对比所震撼，内部装饰也十分精致华美。圣母修道院外部，是白墙、绿顶加金色十字架，显得肃穆庄重，内部装饰相应地是比较淡雅的风格。主显圣大教堂，则是黄、棕和白的搭配，加金色洋葱头的楼顶，据说苏联时期这里曾改作面包厂。波兰天主教堂，是红砖墙、红顶，镶白色窗框。斯帕斯卡娅教堂是西伯利亚东部第一座石头教堂，建于 18 世纪初，也是白墙加绿顶的。丰富的色彩，挺拔庄重的建筑，应该都表达了人们信仰的虔诚。

不过，这里不仅有地面上绚烂的甚至有些甜腻的色彩，深埋地下的，更有代表苦难与血腥的黑色与暗红。在教堂边的文字说明牌上，可依稀寻到历史的痕迹。

众所周知，西伯利亚曾是沙俄和苏联时期重要的政治犯流放地，伊尔库茨克也曾留下他们的悲苦身影。十二月党人及其女眷，就是曾被不少俄罗斯作家和文学作品赞颂的一支。1825 年 12 月，一批贵族青年军官在圣彼得堡发动武装起义，要推翻沙皇统治、废除农奴制。这就是十二月党人称谓的由来。起义失败后，一些人被处死，一些人被流放西伯利亚。而他们的妻子、情人都不肯与她们的挚爱分手，义无反顾地前往他们被遣送的遥远的蛮荒之地，受尽磨难、贫病死去。

在圣母修道院的中文说明牌上写着，修道院公墓内安葬着十二月党人帕诺夫、穆哈诺夫、别斯恰斯特诺夫以及特鲁别茨柯依的妻子儿女。我对十二月党人知之不多，而且中译人名许多也因译者而异，但是一看到最后一个特鲁别茨柯依的名字，立即联想到，那个第一个在冰雪严寒中动身，追随丈夫去西伯利亚的勇敢女性，好像是被称为特鲁别茨卡雅公爵夫人！这么说，这里就是她和孩子们的安息之地吗？那她丈夫的最后归宿又在哪里？

来到《钢铁是怎样炼成的》诞生地

苏联长篇小说《钢铁是怎样炼成的》(以下简称《钢铁》),可说是我们那代人的精神钙片、励志圣经，激励我们渡过逆境和艰难，也种下自强和不服输的种子，几十年来长成心灵的大树。同时代的许多青年都曾把书中的名言抄在本本上：“人最宝贵的是生命。生命属于人只有一次，人的一生应当这样度过：当回首往事的时候，他不因为虚度年华而悔恨，也不因为碌碌无为而羞愧。在临死的时候，他能够说：‘我的整个生命和全部精力，都已经献给了世界上最壮丽的事业——为人类的解放而斗争’。”

俄罗斯索契的旅程中有一项重要内容，就是参观小说作者奥斯特洛夫斯基的故居博物馆。

文物和声音

据说苏联时期共有五座国立奥斯特洛夫斯基纪念馆，分别在莫斯科、索契、诺沃罗西斯克、舍彼托夫卡还有基辅。

下车后走过僻静的街道，缓缓上坡，进入一座面积不算大，但鲜花盛开、绿荫掩映的院落。左前方的平房是故居，右后方的楼房是博物馆。两处都对外开放。只因故居面积所限，每次参观限 10 人以下入内。

尼古拉·阿列克塞耶维奇·奥斯特洛夫斯基，1904 年出生于乌克兰。12 岁辍学打工，在铁路小卖部当搬运工，14 岁进发电厂，给司炉工打下手。15 岁上战场参加国内战争，在与白军的战斗中表现英勇。两次受重伤，弹片伤及大脑，右眼失明。16 岁不得不离开前线。19 岁至 20 岁，担任乌克兰边疆区共青团的领导工作。24 岁时身体已无法行走，27 岁全身瘫痪、双目失明。29 岁《钢铁》出版。32 岁英年早逝。

24 岁时（1928 年），奥斯特洛夫斯基因身体状况恶化，第一次被诺沃罗西斯克州党委送到索契，接受矿泉浴疗养，从此开始了在莫斯科和索契之间的轮流治病和休养。1930 年开始尝试以早年的战斗经历为素材，创作《钢铁》，1931 年写成第一部，第二年在杂志上发表；接着创作第二部，1934 年在杂志上发表，同年出版社出版两部合一的单行本。可以说，索契是《钢铁》的诞生地之一，书中那段影响无数人的名言就是在这里写下的。

不过，这座故居修建时间较晚，当地政府为了改善他的养病和写作条件，决定专为他建一处住宅，于 1936 年夏建成，只可惜他仅住了半年就去世了。

故居的钢琴上和留声机、收音机中，似乎还流淌着他喜欢的旋律。他的夫人赖莎回忆，“他的面孔时常因疼痛而扭曲着，但是痛苦剥夺不了‘他的笑声和歌声’”“他非常喜欢唱歌。在他的房间里经常荡漾着吉他、手风琴的乐曲声——他请求允许他弹琴，他要用乐曲为我们‘排忧遣闷’”。

我们还见到了他的写作神器——夫人设计制作的写字隔板。讲解员介绍，当时还没有专为盲人设计的写字工具。这种按稿纸大小、一行行镂空的写字板，可以帮助他写字，当然免不了重叠在一起，还需别人辨认和誊写。

他的卧室，窗户拉着厚厚的窗帘，据说虽已双目失明，他还是怕强光照射。房间比较宽敞，我们似乎还能听到那昼夜不息的打字机的嗒嗒声，还有他躺在床上，断断续续口述文章的低沉嗓音。令人惊喜的是，我们听到了奥斯特洛夫斯基本人朗读自己作品的珍贵录音。

住在这座房子的生命最后半年时光，奥斯特洛夫斯基一直在抓紧创作第二部小说《暴风雨所诞生的》。他自知来日无多，以拼命的架势和时间赛跑。他在写给夫人的信中说：“我的健康，如果说真话，一点也不济事了，可每天仍然工作 12 小时”“室内两位打字员，从早晨打到深夜；两位秘书，整个部队投入了突击的战斗”“他们准在希望，这个疯子快安静下来吧……”

作者和主人公

都说《钢铁》是一部自传体小说，柯察金身上有作者的影子。资料显示，书中的一些人和事，的确有真人真事的原型，但更多的是文学加工和提炼，是作者创造的艺术形象。柯察金身上寄托了作者的理想和追求，奥斯特洛夫斯基表示，他要向柯察金学习。

感觉作者和主人公经历的共同点都是很小就被迫辍学打工，很早就参加革命活动，爱憎分明，信仰坚定，作战英勇，但从史料中也了解了一些不同。

例如，原以为奥斯特洛夫斯基也是出身贫苦工人家庭，但这次在故居看到他不到两岁时与家人的合影，竟是男扮女装穿着漂亮的裙子。解说员介绍，这是当时富贵人家的时尚。原来，他出身军官家庭，父亲战功显赫，得过勋章。母亲除了乌克兰语和俄语，还会讲波兰语、捷克语、德语和犹太语，还喜欢写诗。只是父亲沉迷赌博，最后输掉了贷款买来的房子，母亲不得不带着孩子们回老家，靠做裁缝、厨娘等维持生计。

作者和主人公都没受过多少系统教育，但奥斯特洛夫斯基写出了《钢铁》这样30万字的大部头，靠的是什么？夫人赖莎回忆，“在那些年代，我们曾多次搬家，每到一个新的地方，他首先要求的是书籍！他不停地读书”“如饥似渴地读，一周读20本、30本，夜里也读”“他的求知欲是那么难以遏制，和他对斗争、对事业、对工作的渴望同样强烈”。

12岁辍学，奥斯特洛夫斯基应该只有小学文化程度，他的成功固然有战争经历的积淀、母亲的影响，更重要的大概就在于刻苦学习和读书。

作者和主人公都在战斗中负伤，经受了精神上和肉体上的痛苦折磨。小说中关于柯察金这方面经历的描写不过几千字，而且预示他有可能重返岗位。而实际生活中，奥斯特洛夫斯基的身体状况却是不可逆转地恶化，让他经受了近 10 年的煎熬。看到他生命后期骨瘦如柴的身躯，僵卧病榻面无表情的神态，曾经英俊的面庞变得眼窝深陷、下巴瘦削，不由得不令人感叹，他得有多强大的内心才能承受这一切。

小说中柯察金的夫人工作上努力、政治上追求进步，对生病的丈夫温柔体贴，虽然也有因工作劳累照顾不周的时候，可应该算个完美的形象。而奥斯特洛夫斯基与夫人实际只一起生活了三年，他的最后岁月都是由母亲和姐姐照料。但一直保持与妻子通信。他曾将婚姻名存实亡的情况写进小说，但被官方劝阻，认为有损英雄的形象，所以改成了出版时的内容。

时代变了书已定格

《钢铁》初次出版距今，不过 80 多年，世界却发生了巨大变化，对它的价值和意义的认识自然也发生了巨大变化。在作者的祖国和我国，都是如此。从卫国战争中许多青年怀揣着《钢铁》上前线，直至血染疆场，到如今，在俄罗斯，连学习俄罗斯文学的大学生都有一半多人没听说过它。在我国，从“40 后”“50 后”几乎个个能背诵几段书中的名言，到现在，“90 后”“00 后”许多读不下去，顶多觉得主人公的经历“有点儿惨”。

我作为一名普通读者，随着年龄的增长和人生经历的丰富，感觉从《钢铁》中读出的东西更多了。

站在当下的角度，我能体味出书中的局限，例如，站在无产阶级立场，鄙视财富、鄙视知识分子；将革命和爱情对立，主张为了革命需要放弃爱情；提倡绝对的服从，绝对的自我牺牲，追求纯而又纯的大公无私；等等。

站在历史的角度，我能体味出书中充满激情和正能量，反映了身处特殊年代的那一代人的信仰和追求，体现了作者所代表的那个阶级在血与火的洗礼中的成长，也歌颂了面对逆境和人生悲剧顽强抗争的英勇气概。

站在历史与当下的结合点上，我更愿意接受它超越时空的价值和意义，不论物质多么丰富、技术多么进步，人都需要精神的定力；不论崇高还是世俗，伟大还是平凡，人都需要追求生命的意义。

光环不再，神圣远去，情怀常在，理想永存。

美洲印象

半是人力，半是天力：美西印象

途经美国8个州、历时15天的美西行程圆满收官。说到总体印象，正像概括对北非的印象——一半是火焰（沙漠），一半是海水；概括对美西的印象，想说一半是人力，一半是天力。即一半看的是城市风光，一半看的是自然美景。

城市是人力的产物

大城市，游览了西雅图、盐湖城、拉斯维加斯、洛杉矶、圣地亚哥和旧金山。小城镇，住过经过的则有肯特、爱达荷福尔斯、圣安东尼、西黄石、波卡特洛、奥格登、卡纳布、佩奇、弗拉格斯塔夫、塞利格曼、棕榈泉、萨利纳斯、卡梅尔等。

印象较深的有，西雅图星巴克第一店，狭小不张扬中透着自信，四处飘散的醇厚咖啡香气，和着街头年迈乐师演奏的旋律，氤氲着浓浓的怀旧氛围。盐湖城是全球摩门教总部所在地，台湾来的教徒义工小妹清纯可爱，让我们在似懂非懂中观赏了大会堂和圣殿建筑的宏伟。沙漠赌城拉斯维加斯的璀璨夜景，告诉你啥叫亦真亦幻醉生梦死，啥叫珠光宝气纸醉金迷，啥叫不夜城、乐翻天、有钱就任性没钱也嘚瑟。

洛杉矶好莱坞环球影城，充分展现了美国娱乐产业的造梦水平和吸金能力，让我们玩得不亦乐乎。圣地亚哥军港，除了温柔的世纪之吻雕塑，还见识了第七舰队威猛的各式舰艇。旧金山市政厅前，彩虹旗与星条旗并排高高飘扬，艺术家在联合广场展售的作品中，分明包含着佛教莲花的元素。

美国人的人力观念，细微处可见节省与精细。酒店空调换气温度设置得一点不低，想是有节电的考虑。酒店早餐是一次性餐具，导游提醒吃完自己动手扔垃圾箱，因这里人力贵，一个前台服务员兼管早餐服务，忙不过来。挺好吃的蛋饺竟不是用鲜鸡蛋而是用蛋粉做的！因为更好储藏和加工。入住圣安东尼乡镇酒店，整晚只见到一位老年女士，微笑发房卡是她，耐心解答问题是她，来通下水道的还是她！

说到精细和方便，首推充电插座和USB接口的设置，数量多而位置贴心。酒店里多设在台灯座上，不用你弯腰插拔。大巴车设在座位边的车壁上，每人都能用上一个。阿拉斯加航空公司的国内支线飞机，每个座位后面都有，位置触手可及。大巴车上的逃生窗户是把手开启模式，司机说所有载客车辆都要求这种模式。

特别想提及享用快餐式中式早餐的惊喜。全套装置是：一个如大号咖啡杯的纸杯，盛着热腾腾的白米粥。一个大塑料饭盒，打开首先见到一个松软的发面馒头，外加一个茶叶蛋或咸鸭蛋。另有几个如中小号化妆品瓷瓶大小的透明塑料小盒，分别装着小块腐乳、油炸花生米、榨菜丝及凉拌小菜。地道、适口、有营养，纯粹中国风。还省了排队时间，省了跑堂和洗碗工。

自然是天力的造化

自然美景，游览了五大国家公园，分别是：大提顿、黄石、布莱斯峡谷、锡安、大峡谷，另外还游览了神奇的马蹄湾和羚羊彩穴。

大提顿雪峰巍峨圣洁。黄石峡谷壁立千仞，黄石湖水清澈湛蓝，各式喷泉、热泉、间歇泉到处蒸腾着水汽雾气，也彰显着大自然亘古不变与瞬息万变的两副面孔。布莱斯峡谷赭红色山岩组成庞大的雕塑阵列，难怪印第安人传说这是一个部落得罪了天神，被天神变成了石俑。虽然可能因是枯水期，没有见到锡安山清水秀的面容，但大自然留下的雄浑线条还是让人惊叹。虽然观景台上无法看到底部和纵深，但大峡谷的绵延壮阔还是足以使人震撼。

面对科罗拉多河水鬼斧神工切出的马蹄湾，悬崖边的人会忘记危险一心只想拥抱它。进入上苍赐给印第安人的瑰宝羚羊彩穴，你在陶醉的同时只有跪服的份儿！还有许许多多美景是在旅途的车窗边闪过，它们不属于某个景点，又都是景点。

美西的自然风光大美、绝美。细细品味，首先，它是原始苍茫之美。万千年不变的亘古荒原，不留人迹，不见人力。成片成片枯死倒下的树木，任由它们日晒雨淋，最终慢慢化为泥土。其次，它是宁静清幽之美。不闻机械鼓噪，不见炊烟袅袅，只有潺潺水声、啾啾鸟鸣。设想着到了万籁俱寂的夜晚，应该可以听到花瓣挣脱花苞、嫩草钻出地面、落叶飘下树枝的美妙声响。最后，它是纯天然的和谐之美。它们的形态、结构、色彩、组合、走向、更迭……一切的一切，都是天造地设、都是相合相生。不禁让人感叹：纯天然才是大和谐。

美国为什么有世界上最早的国家公园？为什么有数量众多保持原始风貌的国家公园？恐怕不能仅从地广人稀的自然条件上去看，还需从文化的根源上去找。读了程虹教授的英美自然文学散论《宁静无价》，她认为，作为“自然之国”和“新大陆”，美国特殊的自然与人文背景决定了其国民对土地那种特别的情感。不同于古老的欧洲和东方，这个年轻国家缺少历史文化的积淀，所以把更多目光投向了生机勃勃的自然。他们似乎天生具有荒野情结。

爱默生、梭罗等美国文化先驱，深刻认识了自然的精神价值，认为自然是精神的象征，是教导人们高尚行为的良师，是人类汲取知识的读本、文化艺术的源泉、生命定力的依托。预见到工业文明与自然环境的冲突，提出只有在荒野中才能保护这个世界。他们的思想可说影响了国民、影响了政府、影响了立法，也自然荫及国家公园的创立吧！1872 年，强调保护自然的理想主义者和强调旅游开发的实用主义者，联起手来，成功说服国会，建立了世界上第一个国家公园——黄石国家公园。在 1985 年

《美国遗产》杂志列出的“十本构成美国人性格的书”中，梭罗的《瓦尔登湖》排名第一，俨然成为美国精神的一种代表。

人力确实有无限的创造力，不可否认也有巨大的破坏力。在天力面前，人力必须保持克制，必须严守边界。人力与天力，不能 PK 只能平衡。或许正如英国作家托马斯所说：“大地不属于人类，但是，人类却属于大地。”

世界上最大最奇特的地热景观

美国的黄石国家公园，对于不同年代、不同季节、不同游览方式、不同游览行程的到访游客，会留下不同的印象。我们是五月初来的，参加旅行社的团队，按照既定的行程，因此，没有看到冬日冰封雪飘的肃杀，领略的是暮春绿意盎然的蓬勃；虽有两天时间，也是急匆匆奔向一个个景点，融入一队队人流，因此，不觉寂寥孤单，只觉忙碌火热。尽管也看了峡谷、看了瀑布、看了湖泊，见到了野牛、灰熊，但留下最深印象的，还是热情奔放，神秘莫测的各种泉景。

大巫之母是火山

黄石公园主体位于怀俄明州，部分延伸至爱达荷和蒙大拿州，方圆近 9000 平方千米。它的得名，源于峡谷中黄褐色的岩石。公园坐落在美国西北部落基山脉中段的熔岩高原上。这里距今最近的三次大规模火山喷发，是在 200 万年、120 万年和 64 万年之前。

正是64万年前那次喷发残留下来的巨大岩浆热能，加上冰雪融化提供的充足水源，还有频繁发生的地震打通通道，造就了这里数量众多的喷泉、热泉、间歇泉和热泥沼。泉眼的形状是上小下大的金字塔形，就形成喷泉；泉眼的形状是上大下小的漏斗形，就形成热泉。而间歇泉，则是在地下的热泉水集聚到一定程度后，按一定的时间间隔喷发出地面。

这里是世界上最大、最奇特的地热（也有称水热）景观。对于同样是热泉、间歇泉等地热景观丰富的国家，如冰岛和新西兰，有专家认为，它们与黄石相比只能算小巫见大巫。那么这里到底有多少泉眼呢？据说园内有3000多个沸水喷泉、300多个间歇泉，1000多个热泉，约占世界总数的一半。也有说泉的总数在1.5万个。

人们给泉景用心地起了名字，准时喷发的称为“老忠实”，如人手形的称为西拇指，有的叫狮群，有的叫猛犸，有的叫楼阁，有的叫蒸汽船，还有的叫孤星……

处处冒烟与滚锅翻腾

首先在诺里斯间歇泉盆地被惊到。本就神奇的喷泉、间歇泉，以群像的形式集中展现，还伴着浓重的硫黄气味，甚是壮观。感觉这里比云南腾冲热海面积辽阔很多，有无数个小泉眼。远远望去，白色烟雾从一道道地缝中冒出，追赶着蓝天上的白云；近前端详，有的喷出的是烟气，有的喷出的是水汽还夹着水泡。

蹲在一处坡地专心拍照，不知怎的屁股底下发烫，低头一看，原来是道小地缝在冒热气，刚刚这里还一点动静没有，怎么这会儿蒸汽就幽灵般钻出？难怪有人形容这里是“地狱洞开之地”。最初看到这种村村点火，处处冒烟的景象非常兴奋，渐渐地就见怪不怪了，因为这是这里的常态景观，也明白了为什么景点都铺着蜿蜒的木栈道，就是为了避免游客被热泉偷袭，或出其他安全问题。

云南腾冲有个景点起名叫大滚锅，感觉非常形象生动，用在黄石也同样贴切。那一个个大如池塘、小如澡盆的热泉，翻腾着晶莹的水泡，蒸腾着白色热气，像一口口架着柴火烧的超大铁锅，让人觉得进入了露天大厨房。

更奇妙的是，滚锅里不仅有水，还有泥浆。就是说巨大的地热能量不仅使地面水沸腾，还使地面泥浆沸腾。或白或灰或褐色的泥浆，有的在滚锅表面翻滚，有的被顶起做小小的喷射，还发出噗噗的声响。美国人形容这是“魔鬼吐泡泡的地方”。

守时守点与没时没点

黄石的喷泉，从喷发规律来看可分两种，一种是守时守点，可以预测，可以期待；一种是没时没点，不可预测，不可期待。前者是极少数，后者是绝大多数，正因如此，前者才越发珍贵，越发被人青睐。

去看著名的“老忠实”喷泉排在第二天的行程。至于安排在中餐前还是中餐后，早上出发时导游小贺还说没法确定，要看当天的喷发预告。那天的行程很满，快吃中饭时得知预计喷发时间是下午 1 点 46 分左右，导游和领队果断指挥我们杀向午餐地点——园内的一家西式快餐店。餐后赶到现场，有经验的小贺不断安慰我们，不要着急，抓紧找位置、做好准备，预告是很准的。此泉从 19 世纪 30 年代被发现，180 年来一直以大约 80 分钟的间隔喷发，最近这几年由于地壳运动频繁，导致间隔时间延长，大约间隔 94 分钟。

看到最前面坐着一排排老外，其中一名穿军装的女士，手持图片在大声讲解。原以为是这个团队的导游，后来得知，这是公园的工作人员。因为在开办早期，黄石国家公园曾获准动用军队维持秩序，接着军人成建制转为公园管理人员，所以，公园工作服延续了军装风格。

果然，“老忠实”如约而至。先是伴着噗噗的声响，有越来越多的热气冒出，接着是小水柱喷出，高潮时有二十几米的好几道蒸汽水柱，如一道道银链，又组成一块白色丝绸幕布，抖动跳跃，持续了三四分钟。退潮期水柱变成了白烟，慢慢降低、慢慢减少，最后归于平静。人群中伴随着欢呼和尖叫。

让我们看得很兴奋的喷发，在导游小贺看来却很稀松平常，说是远未达到高水平！小贺津津乐道讲述的是他两年前带团来时，刚巧碰到蒸汽船间歇泉喷发。有记载表明，这处热泉长期蛰伏，很久才喷发一次，最高喷发高度是 380 英尺。而他作为一名“90 后”居然赶上了。这就是神奇的大自然，这就是远古洪荒与现今的我们超越时空的对话。进入新世纪以来，也不断有黄石地区将有大的火山喷发的预测，然而，对于没时没点的造访，人类除了加强监测、加强研究，没有其他方法改变。见到小的喷发，将是与奇迹邂逅；遭遇大的喷发，将是灭顶之灾。

色彩奥秘与沉积物质

这里的热泉表面呈现出橙黄褐蓝绿白等多样色彩，基本是呈同心圆状向外扩展，也有各种不规则的分布，色彩的绚烂、艳丽和丰富令人叹为观止，也让人陶醉其间流连忘返。那么，这些色彩是如何形成的呢？文学艺术家自有艺术性的表达，诸如上帝打翻的调色盘之类。科学家则要寻求科学的解说，诸如光照角度不同，所含矿物质不同，等等。

有美国科学家说，这都是藻类在“作祟”！他们认为，热泉水温由低到高变化时，水中藻类呈现出的颜色也会跟着改变。华氏 90 度时是褐色，110 度时是红色，125 度时是橙色，130 度时是深绿色，135—140 度时是翠绿色，155 度时是黄绿色，165 度时是淡黄色，180 度时是肉红色，185 度以上则是白色。

像人类会经历幼年期、青年期、壮年期和老年期一样，地质景观也会经历不同发展阶段，当然时间要比人类的寿命长得多。在黄石，进入衰老期的热泉代表，当推猛犸热泉。这里的景观很像土耳其的棉花堡，但比棉花堡面积更辽阔。热泉从高处往下流淌，泉中的碳酸盐矿物质不断累积，形成一层层巨大的如梯田般的台地，学名称泉华或钙华。棉花堡的台地上水源丰富，形成一个个天蓝色水池。而这里，由于十多年前一场地壳运动，大部分热泉停止了活动，残留下干枯的白色和黄色大台阶。当然，有些地方还冒着热气，显示着热泉不服老的脾气。

没有过程的残酷，哪来结果的美丽

驰名世界的摄影圣地羚羊峡谷，位于美国的亚利桑那州，距佩奇镇大约 30 千米，因常有野羚羊出没而得名。这里属于狭缝型洞穴，分为上下两个独立部分。两者的差别在于，上羚羊是位于地平线以上的峡谷，下羚羊是位于地平线以下的峡谷。我们游览的是下羚羊谷。

魔幻线条与光影

大约正午 12 点半，下了旅游大巴，走过一段暴晒的沙漠，又在曝土扬沙的棚子里等待了大约 40 分钟，终于在下午 1 点 20 分左右获准进入。沿着几乎呈 90 度的金属楼梯，两手紧握扶手，游客一个紧随一个，慢慢下到谷底，立即被眼前的景致惊呆，像是来到魔幻的地缝宫殿。

首先的感觉是旋。只见砂岩上有无数螺旋状线条，排列为波浪形，或上升或下降还有平行的阵列。而山岩之间的缝隙，像是用螺旋形刀具切割出的，也呈螺旋状的造型。人置身其中，仿佛被一股巨大力量吸住，要像敦煌壁画中的飞天仙女那样，腾云驾雾，乘风升空了。

其次的感觉是炫。峡谷内没有任何灯光照明，全是自然光线透过山岩缝隙投射下来，在砂岩壁上形成炫目的色彩。由于含有铁、镁等矿物质，砂岩的基本色彩是橘黄和橙红，但由于和谷顶“天窗”的距离不同、光线折射角度不同，亮的地方又分为白、明黄、土黄、浅红等色彩，暗的地方又分为黑、蓝、紫、褐、暗红等色彩。这线条和色彩幻化出的光影，随时随刻发生着变化。人不可能两次踏进同一条河流，同理，人也不可能两次进入同一个羚羊谷！

残酷造就的美丽

峡谷内空间很小，走过的地方有的连一脚宽的平地都没有，据说峡谷长度只几百米，但深度却有几十米，上下的楼梯很陡。事前领队和导游就多次告诫：一定要听印第安导游的招呼，为保证安全，脚站定了才能拍照，在楼梯上一定不准拍照。当地人执行规矩很严格，三次警告不听就请出。我们这个团队，都互相提醒着绝不越雷池一步。

为何规矩如此严苛？因为当地气候、地质情况都很复杂多变，只有当地人熟悉情况，能做出预判和应对。20 年前的一天，天上下着零星小雨，有一行 12 名游客，未跟当地导游，自行进入，正陶醉在美景之中时，暴洪从天而降，12 人均遭遇灭顶之灾，最后只有一名美国游客，被卡在高处的岩缝中，侥幸生还。怪就怪在，有时当地并未下雨，有时雨量并不大，但各处降雨急速汇聚到这个最低洼的地方，就会把峡谷淹没。

由于气候条件的恶劣，据说这里每年只能开放几个月。砂岩上奇幻的线条和孔洞，就是长年累月洪水的冲刷刻就，另外还有一种助力就是风。在我国西北的多处雅丹地貌，曾见识过风的鬼斧神工，想必它在这里也是无孔不入、摧枯拉朽。想象着咆哮的洪水和盘旋的飓风，在狭窄的缝隙中肆虐，砂岩与它们该有怎样的纠缠、撕扯、搏杀？没有过程的残酷，哪来结果的美丽？

纳瓦霍人和纳瓦霍部落

导游小贺告诉我们，想拍照可以请印第安纳瓦霍人导游帮忙，一定不会让你失望。果然，手机单反卡片机，这汉子啥器材都能招呼，甚至比我们使得都溜！而且有求必应，还多次主动要过相机，指点我们在哪儿拍最好。他是个高个子，不像典型的印第安人那样长着一张扁平脸，而是眼窝深陷、鼻梁挺拔。一问，原来是荷兰移民与纳瓦霍人的混血后裔，今年 41 岁。

旅行社行程单上介绍，这里是印第安人纳瓦霍部落的保留地，千百年来，羚羊谷是他们静思冥想、与神灵沟通的地方。源于羚羊谷带来的震撼，出于对纳瓦霍导游的好感，回来后继续查资料，更多历史与现实铺展在眼前。

众所周知，硫黄岛战役是“二战”太平洋战争中空前惨烈的战役，美军动用 7 万兵力，歼灭日军 2 万多人。而不为人知的是，美军取得硫黄岛战役的胜利，其中有纳瓦霍人的功劳。原来，当时有29名纳瓦霍人被政府征召入海军陆战队，利用他们民族语言的不为人知，编制特殊的军事密码，使日本情报机关绞尽脑汁也无法破译，从而保证了数百条密码无一泄露。据说至今还有一位纳瓦霍老兵健在。

纳瓦霍部落人口大约33万，是美国所有印第安部落中唯一在首都华盛顿设有办事机构的部落。该部落保留地也是美国印第安保留地中最大的，横跨亚利桑那、犹他、新墨西哥三个州，面积达7万平方千米。但是与其他印第安保留地一样，这里经济发展滞后，社会问题突出，除博彩业少有其他支柱产业，许多青少年已不会讲本民族语言了。上苍赐给了纳瓦霍人沙漠瑰宝羚羊谷，还能护佑他们赶上现代文明脚步、过上更好的日子吗？

是赌城，又不仅是赌城

这里没有工业，没有农业，从瓜果蔬菜到电力天然气，一切的一切都靠外界输送，唯独不缺的就是钱。俗话说，有钱能使鬼推磨，所以，这里搬来了巴黎、搬来了纽约、搬来了威尼斯……

大巴车行驶在拉斯维加斯的道路上，各个角度都能看到金色玻璃幕墙包裹的特朗普大厦，突兀地耸立，在阳光下熠熠生辉，让人一下联想到前任美国总统那肉粉色的面庞。没错，这就是他家的产业，任性总统自然也是拉斯维加斯任性金主的一员。

任性就是大把砸钱不手软

所谓搬来世界名城，业界称为打造主题酒店，每一座都是花费巨资的大手笔。这里的巴黎酒店，可以看到仿造的巴黎著名景点：香榭丽舍大道、凯旋门、塞纳河，当然少不了埃菲尔铁塔矗立门前。这里的纽约—纽约酒店，各个区域以纽约地名命名：时代广场、中央公园、公园大道，当然也有缩小版的自由女神像和帝国大厦。这里的威尼斯人酒店，有逼真的圣马可广场、叹息桥，大厅顶部是鎏金的仿古油画。这里的金字塔酒店，整座酒店就是巨大的金字塔造型，门前有狮身人面像，酒店打向夜空的探照灯光，像是来自地心深处，神秘而诡异，据说在250英里之外都能看见。

威尼斯人酒店的人造天空非常逼真，蓝蓝的天上飘白云，而且一天24小时不变，让下面狂欢的人们忘记时间。人造运河虽窄，但贡多拉游船和船夫想必是原装进口，引得迷妹们扑着照相。

物质的东西，比较容易用钱搞定，但时间和空间呢？在游览威尼斯时，曾登上钟楼顶层眺望，看到一个个弹丸小岛被海水包围着，木桩上和建筑外墙上，留着参差的水线，清楚刻录了城与海的搏斗。而这里的人造运河却仅是豪华商街的陪衬，洗尽沧桑平添妖冶。整座人造袖珍城与它的真身相比，透着浓浓的土豪气，可以说，后者是一杯醇厚的茶，前者只是一碗白开水。

百乐宫酒店一层接待大厅顶部，是向玻璃艺术大师定制的五彩玻璃作品，计有2000多块，全部手工吹制，美轮美奂。但里面的花厅，艺术水准可真不敢恭维。

我们看到的这期好像是日本风格，有盛开的樱花和荷花，导游让我们用心闻，说是还能嗅到花香。有瀑布和盆景，有高悬的灯笼和高大的瓷花瓶，还有几只大鸟。应该说每个局部都很精致，但挤在一起，只让人觉得腻，腻得眼睛都想喝水。

嘚瑟就是不花钱白看戏

在拉斯维加斯，没钱的或钱少的也可理直气壮地嗨，晚间拉斯维加斯大道上涌动着欢乐的人潮，大多数可能是不花钱白看戏的。我们就在导游带领下赶着看了三个免费项目。

拉斯维加斯大道尽头的弗里曼街是这座城市发迹的地方，即老城，有过繁华，有过落寞。1995 年时这里修建了连接四个街口、有几层楼高的天棚，每晚上演灯光秀，重又引回了游客。站在一个四面是四个著名赌场的街口，仰头望向上方，在震耳欲聋的音乐声中，天棚上变化着不同的动态画面，蒸腾的火焰、翻滚的时钟、一面面魔镜……更有无法意会和形容的光影、色条、图案滚滚而来。高潮处，高架钢索上好像还有真人（或是仿真人偶）划过，引得观众阵阵尖叫。至于这里是怎么烧钱的，有组数据说，这段天棚灯光秀场，造价 7000 多万美元，有大约 210 万个灯泡，可以变换 6.5 万种花样。

圣殿酒店前的火山喷发秀，虽然规模比不上老街的灯光秀，但真实感和刺激性一点不差。随着非洲丛林音乐的响起，黄褐色的岩石渐渐变亮、变红，接着就有火焰喷发而出。虽然隔着有十几二十来米远呢，都能感觉热气炙烤脸部。以为只是特效，但导游告知那是真的火，风速大了就不准表演，怕引起火灾。毕竟火山喷发一生不见得能遇上一次，人造个场景感受一下，也算不错的体验，难怪观者多到摩肩接踵。

与前面两项相比，音乐喷泉秀就温柔多了，也舒缓多了。我们站的位置，是在百乐宫酒店这边，巴黎酒店的璀璨灯光正好做了背景，更添流光溢彩、火树银花。喷泉布置在一个人工湖上，有三四个圆形和一个长形，随着音乐的起伏，水柱有高有矮，有直射有扭动，变换着不同组合，像是舞娘们扬起的白色水袖。在这儿倒没有多少好奇，只是当作休息，因为国内的音乐喷泉秀见了很多，感觉与此已差距不大。同样地，像天棚灯光秀和火山喷发秀，感觉我们在技术上应该都能做到，问题在于，是否有好的创意以及是否要花那么多钱去打造。

是赌城，又不仅是赌城

来到世界知名赌城，当然不能不说赌。这里的赌博玩法大致可分三类，首先最简单的是老虎机，投进币后全听计算机发落，输赢只凭运气；其次是用扑克牌做工具，如“百家乐”“21点”，输赢有技巧和资金量等多重因素；最后是体育赛事赌博，包括职业拳击比赛、NBA篮球赛和赛马等，输赢取决于概率，最终还是运气，当然有说要靠妙算。

导游鼓励大家小试一把，无奈时间太紧，回到房间已近晚上12点，第二天还有长途拉车，只好作罢。但拉斯维加斯随处可赌的景象令人印象深刻：餐馆、酒店、商店……听说还有机场，随处都可下手。还有就是酒店房间的设施，别处都有的咖啡壶、饮料包这里一概没有，想喝？去赌场啊，那里的饮料是免费的。当然，赌注下得大，连食宿都免费，大金主还有专车、专机接送。

来以前，以为这里只是赌徒的天堂，来了以后才体会到，这里还是游客的天堂。赌城也经历了几次蜕变和涅槃。从 18 世纪中叶开始，这片不毛之地不过是摩门教徒避难和修炼之地，20 世纪初，连接盐湖城和洛杉矶的太平洋铁路在此设站，20 世纪 30 年代附近的胡佛水坝建成并开辟为旅游景点，这里开始热闹起来，由于拉斯维加斯所在的内华达州赌博是合法的，来此的赌客越来越多，赌城一举成名，博彩业也逐渐成为成熟产业。“二战”后，赌城在如日中天之际就谋划长远发展，考虑转型，旅游和会展被选作新的经济增长点。

目前拉斯维加斯的游客总数每年大约在 4000 万人次，其中 1/5 是商务来访，这里每年举办 2 万多个国际展会，成为名副其实的国际会议之都，世界三个最大的会展每年在此举办，分别是：工程建设机械博览会、国际消费电子展和国际动力传动展。为吸引游客，这里有世界顶级的魔术、马戏和各种模仿秀，世界知名歌舞团体和歌星影星也都争相来此表演。

因为结婚手续的方便快捷和婚礼事宜的齐全贴心，这里还被誉为婚礼之都。

环球同此凉热：中美洲四国印象

中美洲之旅，去了墨西哥、古巴、巴拿马和哥斯达黎加四国。区区 16 天的时间，八起八落的航程和劳顿的汽车旅途，从远古文明到现代历史风云，从活火山、温泉到蓝洞，从加勒比海日出到墨西哥湾日落，从太平洋的海浪到巴拿马运河的波涛，从人类学博物馆的珍贵藏品到原始部落的原生态风情，行程内容丰富多彩、目不暇接。

走亲戚和做观光

根据考古研究发现，美洲远古人类属亚洲蒙古人种的一支。头发粗黑挺直，汗毛少，颧骨高，脸庞宽，肤色有浅黄和棕色等，这些特征都与亚洲蒙古人种相同。正是在远古时代的两次冰川期，连接亚美两洲的白令海峡变窄变浅，形成陆桥，使亚洲的原始狩猎人到达美洲，成为这片大陆的最早居民。我国著名古人类学家贾兰坡，就给出了从华北到北美的迁徙图。从某种意义上说，我们是到远古的亲戚家做客来了。

这次行程增长的新知识之一是，拉丁美洲在发展中国家现代化的进程中曾经走在了前列。从19世纪初至20世纪初，前期实现了民族独立，后期曾有一个政治相对稳定、经济快速增长的时期，掘得了现代化的第一桶金。比起亚洲，走在了前面。虽然如龟兔赛跑寓言揭示的那样，先跑的和跑得快的不一定领先到达终点，但还有老话说得好：瘦死的骆驼比马大！几年前在南美阿根廷旅游时就深切感受到这点，这次在中美洲旅游又加深了此种感受。巴拿马新城的繁华简直要晃瞎人眼，哥斯达黎加优异的原始生态真让人羡慕，墨西哥异彩纷呈的民族文化有使人痴迷的魅力，古巴虽处处显现转型期的阵痛但又非常令人期待。

伟大而神秘的古印第安文明

在15世纪末欧洲人到来之前，美洲已有1500万—4000万人的原住民，形成许多不同的语言和文化族群，中文统称为印第安人。他们创造了高度繁荣的农业文明，最先培育了玉米等农作物，最先使用橡胶，建立了有超大体量的古老都市和城邦。

墨西哥是古印第安文明的重要发祥地之一，在这里的行程，看了两个印第安文明的重要遗存，一个是偏早期的中部的特奥蒂瓦坎，一个是偏后期的东部的奇琴伊察。

感受比较深的，一是原始文明的血腥性。太阳历石刻上，血红的代表人血。大地女神佩戴着用人的断手和心脏穿成的项链。骷髅墙的台子上是将人头串起来的祭祀。蹴球比赛结束，就要人祭，开始是以输队队长祭，后来改为赢队队长，人们都引为无上荣光。孩子从小头上上夹板，人为使颅骨变形成扁形，还以身体疤痕、斜视为美。

二是原始文明的神秘性。使用着石器工具的玛雅人，在天文、数学和建筑等方面具有丰富的知识与高超的才能，让人不可思议。根据玛雅太阳历算出的一年有 365.242 天，与当今使用精密仪器获得的计时结果仅误差 17 秒！玛雅人又是早于印度人，在世界上最早发明数学 0 概念的民族，阿拉伯人把印度人的这一发明带到欧洲都是 1000 多年后的事了！再比如奇琴伊察金字塔的几绝：每到春分和秋分的时候，阳光投射到塔上显出游走的蛇身；考古学家发现里面还套着一个金字塔；这里有奇妙的回音效果，击掌一声可发出七声奇妙的鸟叫声。

似曾相识又如初见的多元文化

墨西哥曾是西班牙殖民地，从建筑、宗教到音乐和服饰等，可以看到众多西班牙文化的元素，让我忆起在西班牙旅游的经历，有似曾相识的熟悉感。但再看还是有许多变化，与西班牙本土有很大不同。例如，这里的圣母，称为瓜达卢佩圣母，不是白色脸庞，而是黄棕色脸庞，甚至有黑色脸庞，穿的衣裙不仅有白色的，也有黑色的。导游介绍，这就是天主教本土化的一个例证，是圣母玛利亚与印第安神明结合产生的形象。

再说人种，直观地看，似乎纯白种人和纯印第安人都不太多，多数像是混血人。一查资料，原来墨西哥的梅斯蒂索人（印欧混血人）已占总人口的91%以上，是整个拉美地区民族整合较成功的国家。

古巴很像20世纪70年代的中国

感觉古巴是中美洲四国中经济最差的一个，物资短缺，价格双轨制，除了古城中心的旅游景点，城市建筑普遍破旧，路灯昏暗，城市和企业管理水平不敢恭维。很像20世纪70年代中国改革开放前的状况。

我带的圆珠笔没油了，拉开房间抽屉，没见到作为常备品的便笺纸和圆珠笔。依着惯性思维，来到一楼前台，想要一支，可怎么说就是没有。又让导游去问，还是only one，工作人员一个人只有一支！

参观了国营的雪茄厂，只能看不让拍照。那里一天工作8小时，管一顿午餐，包雪茄的工人是定额制，完成了定额一天还有5支雪茄的奖励。雪茄由五种烟叶包成，先粗卷、加压、贴堵头，再到另一车间加一层烟叶精卷、贴商标。有工人边干活边喝饮料，边吃零食，不少人沾着嘴唇的唾液捻烟叶。说是工厂不卖成品，要带我们到专门商店买，可阴暗的楼梯拐角，就有人在兜售比市价便宜不少的雪茄。

教堂和流行音乐则是我们70年代没有的，还有无处不在的小费。在就餐的餐馆要热水、上厕所都要小费。不管你愿不愿看，我们的每一处就餐场所都有演唱和演奏，当然也要付费。去海明威故居参观，只能站在门外看，但里面工作人员热情要过我前面一小伙的相机，表示可帮他拍里面，我刚想照此办理，就见到退还相机的同时理直气壮索要小费的一幕。感觉自己都快得小费焦虑症了！

唐人街的新风貌

欧洲和美国的唐人街，多给人比较陈旧、拥挤的感觉。在去巴拿马城唐人街前，华人地接导游特意给我们打预防针，说是一定不能用旧眼光啦！这里新一代华人，多从事新的行业，有新的观念，很注意树立新的形象，经济实力雄厚，唐人街自是有一番新风貌，而且一个巴拿马城就有三处唐人街！

果然，这里有鳞次栉比的高层公寓，也有一幢幢漂亮的两层独栋别墅，让人感觉像是在国内大城市的高档住宅小区。

这一路四国吃的中餐馆，团友们一致认为是巴拿马的最好、最地道。米饭炒菜自不用说，冬至吃饺子，有韭菜和猪肉白菜馅儿的。还吃了地道火锅，有虾、羊肉、肥牛和猪五花肉，小料几十种，很像国内的海底捞。吃了炒河粉，还吃了地道红薯粉做的酸辣粉。华人餐馆地道、中餐的红火，一方面说明这里华人人数的众多，另一方面也说明华人生存状态红火与当地人关系良好。记起地接导游说的话：巴基斯坦和中国关系好叫“巴铁”，巴拿马和中国关系好该叫“拿铁”。就像拿铁咖啡，又香又浓又热乎！

在墨西哥城的一家中餐馆吃了两顿，这里的川菜做得很地道，和老板聊天，表示赞赏。他自信地掏出手机让我们看，说是在大众点评上，他家一直名列墨西哥城中餐第一。这里也用大众点评？

墙上的墨西哥历史百科全书

见过宗教场所的大型壁画，见过艺术殿堂的大型壁画，见过公共设施的大型壁画，可你见过政府机构的大型壁画吗？这最后一种，似乎不大多见。但是，我们在墨西哥不仅见到了，还得知，这在墨西哥是一种常态。

2014 年 10 月，曾参观过中国美术馆的《迭戈·里维拉——墨西哥的骄傲》画展，展览由中国美术馆、墨西哥驻华使馆、墨西哥国立美术局和维拉克鲁斯州文化局共同组织，是第一次将里维拉作品全面介绍给中国观众。我与许多参观者一样，留下了深刻印象。而这次墨西哥之旅，目睹大师作品的墙上风采，更是被深深震撼。

图画版的墨西哥历史百科全书

周六的下午，墨西哥城历史中心区的宪法广场人头攒动，熙熙攘攘。挤过众多商贩五颜六色的摊位，仰视大都会教堂繁复的外部雕塑，忍着算命人燃起的青色植物的呛鼻烟气，我们来到了墨西哥总统府所在地国家宫，这里有里维拉在 1929 年至 1935 年创作的多幅巨型壁画。

面对楼梯的一大块正面墙壁和两面侧壁，都绘满壁画，题为《墨西哥的历史》。正墙面又根据墙体结构分为五个画面。上部有千余人像，据说多是有原型的，例如残暴的西班牙征服者科尔特斯。戴头冠披斗篷的，不知是错把征服者当神人的蒙特苏玛国王，还是他宁死不屈的儿子夸乌特莫克。下部是印第安人与西班牙人血战的场景。整幅壁画反映的是，从西班牙人征服这块土地到 1910 年资产阶级革命的历史进程。

两个侧壁，一边反映的是印第安的古老历史，一边反映的是世界的今天和明天。左边历史画卷最上部，有印第安人尊奉的羽蛇神。相呼应的右边世界画卷最上部，是马克思像，左边缘有手握《资本论》穿工装的人。有意思的是，画家还画入了自己的妻子弗里达，就是最下部穿红衣的女子。据说这里的画家常选择这种方式，将自己的情感融入画作，观众也感到十分亲切、真实。

沿楼梯登上二楼，右边又有多幅壁画，是洋溢着浓厚生活气息的生产劳作画面，讲述印第安人培育玉米的历史、最早采集使用橡胶的历史、采摘和加工龙舌兰的历史……虽受门雕、拱等的隔断，尺幅也不是很大，但一看就懂，像是听缺牙的老外婆娓娓道来，直入心田。而反映社会生活历史和西班牙征服史的画面，个中滋味则复杂得多。

名为《特拉特洛科市场》的一幅壁画，反映的是西班牙殖民者到来前，阿兹特克人都城市场的热闹场面。画面分为两层，上面一层内容是，他们发现立于仙人掌上的嘴刁蛇的雄鹰，确认了神启示的最终定居地，在长满芦苇的荒岛上艰苦创业，都城的建筑宏伟，面积辽阔。下面一层内容是，市场内丰富多彩的交易，各色人等的活动，反映了物产的丰富和生活的安宁。但右下部画了一个戴着花冠的妓女，周围几个献媚的男子，手中分别举着火鸡、骨笛等礼物，甚至还有一只从战败者身上割下的血淋淋的断臂！揭示了繁华中有堕落，英武中有血腥。

还有一幅反映西班牙征服者到来后的壁画，让人看得很锥心，远处树上挂着吊死的原住民，中部是被皮鞭驱赶做苦工的人群，十字架下原住民跪着献上珍宝，近处一个原住民双手被反绑，脚戴镣铐，不知在等待剜眼还是剜心的刑罚。导游让我们注意一个细节，就是白人征服者身后跟着的印第安妇女，她后背背着的婴儿，眼珠已是混血的蓝色。

里维拉的壁画，真是图画版的墨西哥历史百科全书！

风云际会，辽阔沃土孕育的娇艳之花

我国有专家评论说：里维拉的壁画场面宏大，构图严谨理智，描绘精细入微，根基扎实，结体稳健，体现了雄厚的创作实力。他的艺术特点可以用“正大气象”四个字来概括。实地参观，感觉确实如此。

借用诗人艾青的诗句：“为什么我的眼中常含泪水？因为我对这土地爱得深沉。”为何里维拉的壁画这么打动人？从中分明可读出他对祖国、对同胞炽热的爱，对民族文化振兴坚定的担当。

里维拉（1886—1957）出生在墨西哥中部古城瓜纳华托，从小受到良好的艺术训练。他10岁进入圣卡洛斯学院学习美术，12岁至20岁在国立美术学院学习，21岁受州政府资助，赴西班牙留学，中间到欧洲多国游历，与一些世界知名艺术家有交往。前期深受立体主义艺术影响，还是巴黎先锋派一员，后来彻底与立体派分离。1920年到意大利临摹和研究文艺复兴时期壁画，对他壁画艺术风格的确立起到至关重要的影响。1921年，他回到国内开始壁画创作。

作为美洲印第安古文明中心区之一，墨西哥壁画有着悠久的传统，印第安人的壁画色彩艳丽，想象奇特，构图规整，描绘繁复。里维拉很好地学习借鉴了欧洲现代艺术理论和技巧，并将其与本土艺术传统融合嫁接，因而创造出了独具民族风格和民族气派的墨西哥现代壁画。

他就像一只高高扬起船帆的木船，只等东风的推送。

这风说来就来了。1910—1917年，墨西哥开始民族民主革命，新政府在文化艺术方面推行积极发展政策，民众也迫切需要让他们懂得民族历史、热爱自己国家，提升自尊自信的公共艺术作品。独具慧眼的教育部长充当了催生婆的角色，在他的倡议下，里维拉等一批艺术家承接政府项目，在大面积的政府机构和其他公共建筑墙壁上作画，既有稳定收入，又可自由发展各自的艺术风格，创作了大量体现本土历史文化与民族精神的作品，形成影响深远的墨西哥壁画运动。

里维拉和另外两位艺术家奥罗斯科、西盖罗斯并称为壁画运动三杰。其中里维拉是最高产的。他体格壮硕，精力充沛，据说食量很大，创作教育部壁画时，常常每天工作 18 小时。妻子弗里达说："工作是他的乐趣。他的能量和精力使得钟表和日历与他无缘。在有限的时间里，他想做并一直在做的就是工作和创造。他认为生命的意义就在于此。"

激情燃烧的革命者，不是任何人的丈夫

里维拉是墨西哥共产党党员，他的画作正面讴歌工农兵和革命知识分子，对十月革命后的苏联寄予无限希望。

1932 年，纽约洛克菲勒大厦落成，慕名邀请里维拉去创作壁画。但不知他们是怎样签的合同，也不知委托方是否审看过画稿，反正画到一半，洛克菲勒家族感觉不对劲，于是解除了合约，并铲除了画作。

幸好里维拉回国后又在国家美术宫项目中复原了画作，名为《十字路口的人》(又称《宇宙控制者人类》)，让我们得窥全貌。作品正中是一名城市工人，他操纵着发电机，下面一只大手，掌握着知识之球，四射的光芒代表原子结构、天体运行和生物起源。

工人四周的各式形象图案，代表着资本主义社会和社会主义社会。画家认为，这两种体制不论是在科技进步还是道德层面都针锋相对。左侧区域，是资产阶级的没落、镇压和战争；右侧区

域，是整齐的劳动者精神饱满地去工作。在中间区域，列宁的手与不同种族劳动者的手握在一起。右下侧部分，还绘有马克思、恩格斯、托洛茨基以及美国共产党托洛茨基主义领袖杰伊·洛夫斯通。画作底部是土地和自然孕育的宝藏。画作旨在表现，现代产业工人运用机械掌控自然，在混乱的资本主义和秩序的社会主义的斗争中，科学技术能把人类引向更好的未来。

与事业上备受赞誉相比，里维拉的私生活却绯闻不断。他的妻子弗里达也是一位绘画天才，但命运多舛。6 岁患小儿麻痹症，落下残疾，18 岁遭遇严重车祸，此后身体做了 32 次手术，包括 7 次脊椎大手术。22 岁时嫁给大她 20 岁的里维拉，成为他的第三任妻子。两人的婚姻既充满传奇色彩，也经历分分合合。据说里维拉与妻姐关系暧昧。但在妻子的最后岁月，还是回到她身边。

弗里达没有受过正规美术训练，但天赋异禀。她绘画从不考虑实际生活中的比例和透视关系，而是凭直觉涂抹。她的作品最多的是自画像，把身体破碎的痛苦、感情破碎的煎熬，不加掩饰地表现出来，其真实性和真诚性让每个观者心悸，因此也受到广泛赞誉。里维拉评价妻子的画作，像钢铁一样坚硬，像蝴蝶一样纤美，像人生一样苦涩，像微笑一样动人。就像她本人一样。

也许，不管他爱过的女人有多少，最懂他的红颜知己，是妻子弗里达；也许，不管婚姻给她带来多少痛苦，最看重她的精神伴侣，是丈夫里维拉。

鹰洋故里，英雄古城

建筑博物馆，山谷中的五彩之城

墨西哥的瓜纳华托坐落在一个狭长的山谷，是列入世界遗产名录的古城，规模不算大，但小巧精致，艺术氛围浓郁。这里有吸引全球艺术家的塞万提斯艺术节、有经电影《寻梦奇遇记》加温而火爆异常的亡灵节，有吸引无数情侣的接吻巷，有号称全国最漂亮的华莱士剧院……

这里像一个建筑博物馆，完好保留了西班牙中世纪古典风格，又有西班牙乡村民居风格，还混杂着中美洲色彩艳丽的民居风格，唯独屏蔽掉了现代都市风格，成为一个适宜怀旧、适宜疗伤、适宜过慢生活、适宜做白日梦的地方。

夕阳西下，站在山顶俯瞰，一片斑斓缤纷奔来眼底，在落日余晖的渲染下，更增加了热烈和欢快。日落西山，华灯初上，天空显出宝石蓝色。或明或暗、或黄或蓝的灯光，让山谷一片璀璨。五彩之城的全景，既让人震撼，更让人温暖。

在这里，还接触了一类建筑，就是庄园。我们住宿的号称是庄园风格的宾馆，宾馆对面就是一个庄园博物馆，估计都是旧有庄园改造的，应该算是一种西班牙园林风格。

鹰洋故里，以白银兴盛的城市

墨西哥是世界主要白银生产国之一，常年排在榜首位置。墨西哥鹰洋在我国货币收藏界很受热捧，它的得名是因为上面有墨西哥国徽图案，主图就是老鹰叼蛇，立在仙人掌上。但多数人不知道的是，这个来自遥远大洋彼岸的精灵，在清朝中期到民国初期，曾是中国使用频率最高、使用范围最广的外国货币，在繁华都市和偏僻农村大行其道，主宰着人们的日常生活。

为何一个外来户能扮演这么重要的角色？中国封建社会长期实行的是银两制货币制度，即以金属重量计值。由于成色参差不齐、计量砝码千差万别，称量和切割都很麻烦。而银圆是一种铸币，它的重量和质量有固定标准，携带和使用都很方便，所以不胫而走。据估算，清末宣统年间，世面上流通的约 1 亿枚外国银圆中，有 1/3 是鹰洋。银圆使用的大势所趋也推动了我国政府开始铸造银币。

瓜纳华托正是墨西哥的重要银矿区，依我看，来到这里，可算到了鹰洋的故里。在 1550 年前后，瓜纳华托发现银矿，1554 年，西班牙人开始在此建城。根据法令，王室得到白银开采量的 1/5，给宗主国西班牙带来巨额财富，也使矿区迅速膨胀为城市。18世纪90年代，瓜纳华托已有5.5万名居民，其中一半在矿区和冶炼厂劳作，另一半也多从事矿业辅助劳作，多是手工艺人和苦力等。

参观中的景点有三处与银矿、确切说是与矿工有关，一是漂亮的瓜纳华托大学，起源于矿主妹妹对矿工进行技术培训的课堂，据说现在以艺术门类专业见长。二是城市地下隧道，原是行洪泄洪的河道，参与开掘工程的都是矿工，后来上游修了水库，这里不走水了，改建为车道，使这座城市拥有了立体交通线。三是皮毕拉纪念碑。

血雨腥风，独立战争打胜第一仗的地方

走过一座三层楼、小窗户的石质建筑，参观的学生列队进入。导游介绍，这是百年谷仓博物馆，墨西哥独立战争打胜第一仗的地方。傍晚时分，站在山顶的皮毕拉纪念碑下，我们饱览了落日余晖下和华灯初上时瓜纳华托的迷人景致，也与墨西哥独立战争的历史不期而遇。

原来，独立战争的发端就在瓜纳华托附近的多洛雷斯小镇。

教区神父伊达尔戈深受欧洲启蒙思想影响，欧洲战场消息传来，他看到宗主国西班牙被法国打败，认为谋求独立的时机已到，遂在1810年9月16日组织起义，饱受殖民当局压迫和欺凌的民众纷纷响应，起义军快速壮大。后来，这一天被定为墨西哥国庆日。

瓜纳华托的西班牙守军龟缩在坚固的百年谷仓内，他们称为

阿隆迪加堡垒。起义军英勇作战，但武器简陋，许多人手中仅有石块，在敌人大炮的轰击下伤亡惨重。危急时刻，机智勇敢的矿工皮毕拉挺身而出，他身背石块做防弹衣，爬到谷仓的木栅门上，涂上沥青然后点着，起义军终于攻破谷仓，全歼守军。

以后，起义军转战各地，艰苦备尝。第二年 3 月，伊达尔戈兵败被俘，惨遭杀害。殖民当局将他和其他三位起义军主要领导人的头颅割下，装在铁笼内，高悬在百年谷仓的四角示众，长达 10 年之久！直到 1821 年独立战争胜利，人们才将他们安葬。

登高奇遇，开放而友善的人们

在瓜纳华托还有一段经历可算是奇遇。

导游安排我们到伊达格尔杂货市场参观，我走到一间办公室门口，看里面两位女士长得很漂亮，就与之搭讪想拍照。人家不仅欣然同意，配合我照了好几张。而且在我转身要走时好像想起什么，拉着我跟她上一层楼梯，打开锁着的一扇小门，指着屋顶上一段很陡的长梯子和高高的凉亭，比画着表示，那是最高点，你可以上去拍照。

我和另一位团友大喜过望，但又担心时间不够，也对是否爬得了那么高有些疑虑，美女不断用眼神和手势鼓励我们。于是，我们放下大背包，轻装上阵，颤颤巍巍、手脚并用地爬了上去。在凉亭上往下俯拍，景致特别棒。美女就在下面帮我们看着东西，直到我们拍够了下来。拜两位美女之赐，我们得以享受了这处“私房”景点！

短短一天的接触，感觉这里的人们，不论老幼，都开放而友善，平和而乐观。三位街头乐手，被我摆弄了半天，不仅不烦，还非常享受。还有地下隧道口拍写真照的夫妇、烤肉店的伙计、街心公园的老人、长椅上的情侣、放学路上的小学生，都被我的镜头通通摄入。

灵异的金字塔，血腥的石刻

奇琴伊察，我们参观的一处墨西哥古印第安文明遗址，确切说是玛雅文明遗址，已列入世界文化遗产名录。它坐落在墨西哥尤卡坦半岛北部。对如雷贯耳的玛雅文明，借着这次旅行前后的恶补，总算有了一点儿最基本了解。

玛雅文明后期的强大城邦

玛雅文明的分布地区，北到现墨西哥南部，南到现萨尔瓦多西部，中间是现危地马拉、伯利兹和洪都拉斯。这里的地理生态环境可以概括为：北部低地、中部雨林和南部高原。玛雅文明的存在时期，大约起源于公元前 2500 年，公元前 1000 年开始形成有特色的文化，在 3—9 世纪达到鼎盛，后逐渐衰落、湮没，15 世纪末西班牙殖民者入侵后，遭到彻底毁灭。

学者们将玛雅文明的发展分为三个阶段：前古典期（前 2500—250 年）、古典期（250—900 年）和后古典期（900—1520 年）。

奇琴伊察就是在玛雅文明整体衰落后异军突起的一个强大城邦，可看作回光返照，也可称为最后的挽歌。

玛雅文明属于新石器和铜石并用时代，并没有使用铁器，也没有使用车轮和大型牲畜，却完成了许多规模宏大的工程，堪称奇迹。玛雅社会发展，建立在玉米种植的基础上，一个家庭每年只需不到3个月时间就可生产出全年口粮，余下9个多月，可供国王调遣，从事金字塔等公共建筑劳役、工艺品制造和对外征战。贸易在玛雅社会很活跃，奇琴伊察就是因垄断了食盐资源，擅长航海和经商，控制了贸易通道才积累财富，国力强大起来的。玛雅人还创造了独特的象形文字，既表音又表意。

一般说，古人类文明都发端于大河流域，因为水是生命之源，人类的生产和生活离不开水。但是，尤卡坦半岛是一片波状起伏的低矮台地，地表并没有河流。然而，上帝关上一扇门的同时一定会打开一扇窗。这里多是岩溶地貌，土质疏松，降水都渗入地下。日久天长，地表塌陷，就形成与地下河相通的天然竖井。聪明的玛雅人很懂得享用这个上天馈赠。“奇琴”，玛雅语为“井口”，“伊察”，指的是伊察部落，合在一起，就是“伊察人的井口”的意思。

这里供参观的有两口井，一口是用于灌溉和饮用的，一口是用于祭祀的，称为“圣井”。我们参观了后一口。因为时间紧迫，没有走到近前。就是这么其貌不扬的水井，据说打捞清理出黄金和玉石等制成的工艺品3万多件，还发现了活人祭的女孩遗骸。

神秘又血腥的文化

奇琴伊察始建于514年，面积25平方千米。现开放参观的区域有高耸的金字塔、巨大的球场，有骷髅庙、武士庙、千柱殿，还有观象台等。

这里的中心建筑是库库尔坎金字塔，“库库尔坎”是玛雅语羽蛇神的意思。金字塔呈正方形，边长约60米，高30米，分为9层向上收缩，顶上是神庙。塔的四边有又高又陡的台阶，每边都是91级，四边共计364级，再加顶层平台是365级，正好是一年的天数。

据导游介绍，这个金字塔还包着一个小金字塔，里面供奉美洲豹神像。这大小两座金字塔，修建时间相隔52年，正好是玛雅人的太阳历（365天）和礼仪历（260天）相配的一个大轮回，选择这样的年份来套建金字塔，体现了他们的时间循环观念。除了观象台，据说玛雅人也通过这里建筑物之间的关联来进行天文观测。

还有更灵异的现象。金字塔北面台阶底部，有近一人高的石雕羽蛇神头像，据说在每年的春分（玛雅历5月1日）和秋分（玛雅历9月1日），太阳会在阶梯上投射出羽蛇神的光影。随着光影的晃动，仿佛羽蛇神扭动着身躯从天而降，这就是“光影蛇形”奇观。玛雅人认为，出现这景象，预示来年会有好收成，也会得到神的保佑。导游还让我们保持安静，仔细听，然后用手击掌，从四周传来的回声仿佛清脆的鸟叫声。试了几次，回声大概是 7 声。导游说这是绿咬鹃的叫声，玛雅人认为这种鸟来自天堂，会给他们带来好运。

看过了库库尔坎金字塔，导游带我们来到古代美洲最大的蹴球场。球场两边有高高的石墙，墙的顶端是美洲豹神庙，石墙上部侧面是球篮。玛雅人的蹴球是橡胶做的，比赛规则是不能用手脚碰球，只能用腰胯肩等部位顶球，真无法想象他们怎么将球送入那么高的球篮的，石墙下面长长的墙裙部位，最边上是张着大嘴的羽蛇神头像，中间部位布满由一个个方形浮雕拼接组成的图卷，有的是记事浮雕，有的介绍比赛规则，有的展现活人献祭的血腥场面——鲜血从跪着的人的脖颈喷射而出。据说，每当球赛结束，就要人祭，开始是输队队长，后来是赢队队长，人们都引为无上荣光。

血腥的还不止这些。骷髅庙的侧墙都是狰狞的骷髅浮雕，平台上会举行将砍下的人头串起来的祭祀，据说活体剜心、斩首、剥皮是最常见的祭祀方式，这里的人们争相赴死。金字塔的东北部是高 20 米、宽 40 米的武士神庙，下面是一片面积巨大的石柱阵，称为千柱殿。据说每一根柱子代表一个战死的武士，柱上刻着的就是他们的雕像。

天地课堂中偏科的学生

参观奇琴伊察遗址，让我们对玛雅人在数学、天文、地理、物理和建筑等方面的才能钦佩不已，同时也对这里的血腥文化惊愕不已，禁不住发问：为什么会是这样?

9—10世纪，奇琴伊察进入繁荣期。此期相当于中国的后唐时期。信手拈来同期唐代诗人的几首诗。“远上寒山石径斜，白云生处有人家。停车坐爱枫林晚，霜叶红于二月花。”杜牧表达的是人与自然和谐、清朗明媚的审美观；“君不见青海头，古来白骨无人收。新鬼烦冤旧鬼哭，天阴雨湿声啾啾。”稍早期的杜甫，表达的是反对征战的情绪；“一丈毯，千两丝。地不知寒人要暖，少夺人衣作地衣！”白居易表达的是对民生疾苦的关切。

反观地球另一面同时代的玛雅人，深受儒家仁义礼智信文化熏陶的我们，感觉有些不可理喻。他们对人类自身似乎缺乏关爱和悲悯，而一味匍匐在神的脚下。在人类社会发展的原始社会和奴隶社会早期阶段，活人祭祀是普遍存在的，进入奴隶社会中后期，世界各地的各民族大部分摒弃了这种野蛮行为，但玛雅人却一直沿袭这一陋习。原因可能在于他们的哲学观。

从哲学观上来看，有学者认为，他们并不重视对个人行为的内省，而是极为敬畏和崇拜外部的自然力，力图通过颂扬和取悦自然力，来达到消灾避难的目的。从审美观上来看，他们追求的是杀戮的快感、狰狞的美感。另外，掌管祭祀大权的祭司或国王，可以借血腥性威慑平民，巩固自己的权威。在当政者以神的名义发动的对外战争中，平民也可分得些许利益，从而更加虔诚地加入嗜血的宗教狂欢。

如果把天地比作一个大课堂，人类比作课堂里的学生，那么玛雅人绝对是聪明的学生，但又是偏科的学生。他们破解了自然界的许多奥秘，却对人类自身生存的意义缺乏理解；他们创造了宏大繁复的献给神灵的礼仪，却没有建立起人类社会的人伦礼仪；他们在自然科学方面是睿智的，在社会科学方面似乎是“弱智”的。这一切既让人感叹，更让人惋惜。

神奇蓝洞中的“冷水煮饺”

墨西哥尤卡坦半岛，奇琴伊察玛雅遗址附近，有一处景点称为蓝洞，一听到这个名字，眼前就出现海洋中犹如巨大眼球一样的圆洞，还有引人遐想的幽蓝。但是，到站下车准备吃午饭时，却遍寻不见海岸，不闻涛声，原来，这是一处陆地景点。

整个园区像个大花园，植物郁郁葱葱，鲜艳的花朵竞相绽放，房屋都是仿原住民建筑，做成草顶泥墙的效果，内部设施却都是现代化的。自助餐厅内人来人往，非常热闹，甚至要等位。看到几年前来此的游客写的游记，穿民族特色服装，头戴花饰的女服务员，将很大的托盘顶在头上，穿梭在人群中送餐。估计现在是因游客太多，我们已享受不到这项待遇，只能自己取餐了。

吃完午饭，赶去看蓝洞。树影婆娑中，只见好多人扶着金属栏杆，一起低头往下看，我也凑上前去，原来蓝洞在这儿！只见直径六七十米、深度二三十米，地底下有一泓蓝绿色的池水，许多穿红色救生衣的游客，在里面游泳、跳水，玩得不亦乐乎。同行的团友中有位四川人，随口说道：“这不是冷水煮饺吗？”的确，洞不算很大，人却很多；游客多是欧美白种人，漂浮在幽幽的水面上，明暗反差不小。四川人真是超级吃货，又是超级语言大师，这比喻形象又贴切！

此景点名为 Ik Kil Cenote，译作基尔蓝洞。四周的洞壁都很陡峭，他们是怎么下去的呢？原来有螺旋式阶梯，一直下到洞底。许多藤蔓类植物从地面的洞口向下垂挂，有的已接近水面，有的悬挂在半空，随风摇曳。如果说蓝洞像一只巨大的眼睛，这藤蔓就像长长的睫毛，让美人的眸子更加妩媚动人。

据导游介绍，蓝洞与附近玛雅遗址的圣井属于同一个地下水系统，在没有地上河流的尤卡坦半岛，古玛雅人就从这些蓝洞取水，维持生计。他们还将此当作连通生死两个世界的出入口，设定一些圣井举行祭祀活动。据说这里也曾是玛雅国王与他的女人们沐浴的地方。现在仍有玛雅人到蓝洞举行婚礼、葬礼等仪式。

国内科学家把这种地貌称为天坑。他们给出的定义是：具有巨大的容积，陡峭而圈闭的岩壁，深陷的井状或筒状轮廓等非凡的空间与形态特征，发育在连续沉积厚度及其含水层包气带厚度均特别巨大的可溶性岩层中，从地下通向地面，平面宽度与深度从百余米至几百米以上，底部与地下河相连接（或有证据证明地下河道已迁移）的一种特大喀斯特负地形……

有点深，有点绕！我的理解，这基尔蓝洞就是一种喀斯特地貌，一种竖直的石灰岩溶洞，因为没有顶，也许称溶井更合适。

蓝洞底部边缘修了一些台阶，像个简易跳台，人们耐心地排队等候，然后从高处台阶跳入水中。这中间水平技术的差距自是很大，少数可在空中翻腾转体，入水又能压住水花；多数只能勉强伸展，简单跳个冰棍式。人们都友善地报以叫好声。那个别趔趄着栽入水中的，则会引起开怀大笑。

还是那位四川老兄，有些不屑地说："不就是个喀斯特溶洞嘛，比起我们重庆武隆的溶洞小多啦！"接着补上一句："不过有水，还是难得。"

的确，中国有着世界上最广大的喀斯特区域，二十多年来，又发现了几十上百个天坑群，分布在重庆、广西、四川和贵州等西南地区，许多是很大很深的天坑，只是底部灌满水的可能不是太多。天坑的成因大致分两种，一种是塌陷型（广西乐业天坑群等），一种是冲蚀型（重庆武隆后坪天坑群等）。这里应属前者。

蓝洞规模并不算大，还显得很拥挤，人们为何玩得这么嗨？也许，这里与玛雅遗址紧邻，参观带给游客血腥的压抑感，会在这无拘无束的玩耍中得到释放；也许这里有许多神秘传说，置身其中，更会有一种连接古今的穿越感。旅游是一种体验式的经历，体验得越充分，获得感就越多、愉悦感就越强！

听说，尤卡坦半岛还有一个大坑，是陨石坑。位置在距州府梅里达 30 千米的希克苏鲁伯镇，是 6600 万年前巨大的太空岩石撞击留下的，内直径有 180 千米，一半在海中，一半在陆地。神奇的墨西哥，神奇的尤卡坦，神奇的古文化，神奇的自然景观，期望还能再来。

巴拿马运河的前世今生

遥远的中美洲国家巴拿马，关于它，去之前听说最多的是巴拿马运河，去之后最想看的是巴拿马运河。虽然这里地形狭窄弯曲，国土面积仅 7.54 万平方千米，人口只有 400 多万，但因开挖巴拿马运河，大大缩短了大西洋（加勒比海）和太平洋（巴拿马湾）两大洋间的航程，每年通过全球贸易总量近 6% 的货物，连接 144 条海上航线，到达 160 个国家的 1700 个港口，成为全球交通的黄金枢纽、世界贸易的咽喉要冲。

当然，我们普通人也有一些关于巴拿马的信息可能有偏差，例如，现在许多名酒名茶企业广告中，都提到在 1915 年巴拿马万国博览会获奖。一般人会以为博览会是在巴拿马举办的，其实，是在美国旧金山举办的。因为运河是美国人投资和主持修建的，其时正好建成通航，全美上下欢欣鼓舞，如此冠名意在庆祝。再有关于巴拿马草帽，原产地其实是南美的厄瓜多尔，一种说法也是在巴拿马万国博览会获奖而得名，还有一种说法是因通过巴拿马这个贸易枢纽转运世界各地，而被误认为原产巴拿马了。

天造地峡，人开水道

开挖运河，必须有独特的地理条件，巴拿马地峡就是上天送给人类的绝佳礼物。这块连接南北美洲、自哥斯达黎加边境至哥伦比亚边境的狭长陆地，最窄处仅有五六十千米，还有河流、湖泊等自然水域可资利用。

我们来到运河太平洋端的二段船闸，参观了展览馆，观看了纪录影片，登上观景平台，与众多外国游客一起观看了两艘巨轮同时过船闸的盛况。有意思的是，大船过船闸还需要小小电力机车的牵引，这机车非常灵活，我亲眼见它在陡坡上滑行。至于过闸费用，听导游说，前面那艘一次就是 40 万美元！

据我估算，巨轮过这段船闸的时间不过一小时，加上等候时间，据说过所有船闸，最快平均是 8 小时。而没有运河时，来往美国东西海岸的船只，绕道南美合恩角，据说需要 23 天。导游充满激情地解说："8 小时取代了 23 天，这就是人间奇迹！"这里备有中文的说明书，通过少量文字和明晰的图示，我们对运河的基本情况有了直观的了解，算是上了一堂科普课。

巴拿马运河与苏伊士运河同属世界上最具战略意义的人工水道，不同的是，苏伊士运河地区不存在水位落差，不需要梯级船闸，船只就可通过，只需修建海平式运河。而巴拿马运河，由于中间河段加通湖地区高出海平面足足有 26 米，只能在南北两边各修建 3 级船闸，以调节水位。也就是说，船经运河，先要爬坡上山，后要下坡下山。因此，这里必须修建湖闸式运河，因而技术难度更高，工程更复杂。运河全长 82 千米，实际的陆地开挖长度也就 30 多千米，但也工程巨大，仅 12.7 千米的库雷布拉水道的土石方，就相当于 63 座埃及大金字塔。

巴拿马运河 1914 年胜利通航，使美国东海岸的纽约到西海岸旧金山的航程，缩短了约 8000 海里，安全性也大大提升。随着国际贸易的发展，原有设计通航能力逐渐不能满足实际需要，于是巴拿马当局在 2007 年投资 52.5 亿美元，启动新船闸扩建工程，2016 年完工。

新船闸通航是巴拿马收回运河主权后的一件盛事，邀请了许多国家的首脑和政要出席。

英雄折腰，华工奉献

在参观巴拿马旧城时，导游带我们来到法国大使馆、法国广场和方尖碑前，讲起了巴拿马运河开凿早期与法国的关系，提到了法国人雷赛布的名字，很为老头打抱不平：“那么大年纪，那么拼死拼活，我相信他只想干大事，不可能贪污，但就是有那么多钱下落不明，就要吃官司、进牢房，最后不了了之！”

导游的话引起我极大兴趣，回来后查资料，雷赛布的故事大致清晰。这是个命中注定，与苏伊士运河和巴拿马运河都紧密相连的人物，不同的是，前者让他成为名扬四海的成功者，后者使他沦为黯然出局的落败人。

雷赛布出身贵族，本是个外交官，曾担任法国驻埃及领事。凭借特殊的人脉关系（与奥斯曼帝国驻埃及总督是“发小”），拿下苏伊士运河修建权，在英法两国争斗中初获成功。接着主持运河修建工程，历经11年，艰辛备尝，据说动用了200多万名埃及劳工，在1869年正式通航。

十年之后的1879年，雄心勃勃的雷赛布以74岁高龄，担任法国洋际运河国际公司主席，一心要继续在苏伊士运河的辉煌，再创巴拿马运河的奇迹。然而，这次上天没有再眷顾他，却击垮了他：勘探设计草率失误，施工4年才发现根本不能修海平式，而只能修湖闸式运河；热带雨林环境恶劣，大批人员死于疟疾、黄热病等疾病；对工程艰巨性没有足够估计，实际需求不断超出预算，各种意外需要的钱款源源不断产生；经营管理混乱，据说有1亿法郎不知去向；焦头烂额、无计可施，老头甚至用金钱来“说服”政客和新闻界。

最终，1889年，公司宣告破产。雷赛布被控行贿，遭到审判，虽然最终免除刑罚，但老人再也撑不住了，于1894年辞世。沉舟侧畔千帆过，20年后，美国人主持的运河工程胜利通航。继任者正是从雷赛布的失败中吸取了很多教训。例如，启用了被雷赛布否定的湖闸式运河方案；在施工现场清除杂草，消灭蚊子这个疾病传染源，加强人员卫生保健；严控预算、严密管理；等等。从某种意义上说，雷赛布是以自己的身败名裂为后人铺平了道路，历史不该忘记他。

不该被历史忘记的还有华人、华工。已知华人最早到达巴拿马的时间是在1852—1854年间，人数有1200多人，作为劳工，华人参加了两洋铁路和巴拿马运河的修建，有500多人献身运河工程。后来，许多华人在当地定居繁衍。目前，巴拿马是拉美地区华人华侨最多的国家之一。

美巴恩怨，潮流难挡

巴拿马以其独特的地理位置，百多年来成为国际政治的焦点地区之一。前期表现为大国间的博弈，后期表现为美国的占领和控制，以及巴拿马反抗占领和控制的斗争。

作为最早到达美洲的殖民者，西班牙人在中南美洲攫取了金银等巨额财富，15世纪就萌生在中美洲开凿运河的想法，16—18世纪，王室多次派员进行勘察。在19世纪初的拉美独立战争中，1821年巴拿马宣布独立，宗主国西班牙的运河梦破灭。

美国一直觊觎巴拿马地区，先是修通了贯穿巴拿马地峡的两洋铁路，接着进一步渗透。但哥伦比亚政府（当时巴拿马是其一个省）对美国的霸权行径不满，1879年将巴拿马运河开凿权给了法国。美国国内开凿尼加拉瓜运河的呼声渐渐占据上风，1902年获得国会授权。但法国人的运河梦做得实在艰难。雷赛布的十年艰辛付之东流，后重组的新运河公司也命运不济，此时决定以4000万美元价格出售，眼看美国就要把运河开采权收入囊中了，却遭到哥伦比亚国会的否决。

于是，1903年，美国策动巴拿马的亲美分子发动政变，宣告独立。不久，签订《美巴条约》，代价是一次给付1000万美元

（只有法国公司贱卖价的 1/4），再加每年 25 万美元租金，取得运河开凿权。条约还规定，运河两岸 16.09 千米地带的“运河区”，由美国“永久占领和使用”，在运河南北两端的巴拿马城和科隆，美国也拥有驻军等特权。

黄金水道巴拿马运河的巨额收入多数进了美国人的腰包，巴拿马运河区实际成了美国的殖民区，成了“国中之国”。巴拿马国土上长期驻有美军的十几个军事基地，美军七大总部之一的南方司令部就设在这里，1989 年美国武装入侵巴拿马，有一多半兵力就是从运河区军事基地调拨的。

对美国霸占运河的行径，巴拿马从未停止抗争。1936 年和 1955 年，两次迫使美国修订原条约，1964 年爆发反美游行。1977 年签订新的运河条约，规定美国在 1999 年年底将运河主权完全归还。不管美国人有多么不情不愿，甚至不惜出兵干涉，但终难阻挡历史潮流，历经百年风雨，巴拿马运河主权终于回归祖国怀抱。

把诗绘上牛车，升华成国粹

到世界各地旅游，总会带回一些纪念品，有的时间长了感觉会归于平淡，有的却历久弥新。我家书柜顶上的这架小小彩绘牛车，就属于后者，来自中美洲国家哥斯达黎加。它用的不是什么贵重木料，它的色彩艳丽但并不显得多么高雅，是什么吸引我花不菲的价格买下，又一路小心呵护，漂洋过海带回家的呢?

我们来到了哥斯达黎加的彩绘牛车之都萨尔奇小镇，这里也被视为该国艺术家的摇篮。小镇街道整洁安静，教堂简朴淡雅，导游先带我们来到镇中心的大棚，去看那里展示的最大牛车。据说这里申报了吉尼斯世界纪录最大牛车，车长 14 米，宽 4.8 米，高 4.75 米，不知是不是这架，极有可能原件悉心收藏，这只是备件。

据说牛车是西班牙殖民者带来的，因为印第安原住民并不使用这种交通工具，玛雅和阿兹特克考古研究都证明了这一点。但聪明的当地人学会了牛车使用和制造的技术，19 世纪中叶，随着咖啡种植在当地的兴起，内地农民用牛车将咖啡豆运到沿海港口，以供出口。由于道路漫长，他们把车身做得较短，适应两头牛的体力；由于道路泥泞，他们舍弃带辐条的车轮，改成实心木盘车轮。

开始时，牛车简陋得只用藤条围起，再粘上油布。渐渐地有人画上了图案，有人装上了车铃，十多天的路程，因为鲜艳的色彩和叮咚的铃声，变得不再那么艰辛枯燥，变得多了些许快乐。彩绘牛车来自人们的生活和劳作，分明是把日子过成诗的结晶。看来，苦中作乐，是不同种族、不同文化的共同追求，努力寻找生活的美感和喜感，是地球人的同好。

彩绘牛车的色彩非常浓烈，不用多少中间色或调和色，多是大红大黄大绿大蓝，感觉与中国民间文化的审美取向有异曲同工之处，让人一见就有亲切感。据说各地工匠都有各自的创造，努力突出自己的特色，凭图案和铃声，就能识别出牛车来自哪个地区。工匠们还暗自较劲儿、比试，一定要技压群芳。于是从 1915 年开始，举行一年一度的彩绘牛车大赛，得奖的工匠备受尊崇。据说每年还有彩绘牛车游行，婚丧和宗教仪式上也少不了它。

彩绘牛车分明洋溢着蓬勃的生命力，反映了过日子的精气神，是人们写诗的具体载体，或说人们用绘画语言把诗写在了牛车上。后来，随着火车、汽车等交通工具的广泛普及，彩绘牛车的实用功能逐渐减退，但民众的喜爱和工匠的坚守没有减退，彩绘牛车衍生出种类繁多的工艺品。进而，民间的诗篇升华成了国粹，1988 年，政府将它定为国家象征；2005 年，“哥斯达黎加的牧牛传统和牛车”入选联合国教科文组织的人类口头和非物质文化遗产名录。

镇上家家有工匠，户户有牛车，我们去的这家应该是接待外国游客的明星店，也是一家有着近百年历史的老店。院内有好几架不同颜色的牛车，还有反映旧时劳动场面的背景画，可供游客拍照，连条椅和垃圾箱上都绘满图案。各种与彩绘牛车有关的文创产品琳琅满目，令人目不暇接。有木盒木柜水杯木凳等日用品，有车模等大人孩子都喜欢的玩具和摆件，有绘着植物动物人像图腾等的挂件。

参观了电锯、电刨等工具，觉得没啥特殊的，来到工匠的工作间，发现他们工作时心非常静，手非常稳，仰起头来，那眼睛格外明亮有神。

像我们有中国故事一样，他们也有哥斯达黎加故事，只要发自肺腑，不管相隔多么遥远的人，都能读懂，都会感动。

“高大上”的探戈有着卑微的出身

阿根廷首都布宜诺斯艾利斯南郊的博卡区，有条历史小街，名叫卡米尼托。这里的房子很特别，外墙和屋顶都刷着五颜六色的油漆，显得缤纷绚烂；这里的街景很特别，众多壁画营造的历史氛围迎面扑来，滑稽的塑像和木偶随处可见；这里的人很特别，酒吧门口献唱的歌者、街边教人跳舞的摩登女郎，甚至餐厅侍者、售货大叔，都是认真的文艺范儿；这里的声音很特别，到处是舒缓忧郁的旋律，让忧愁的人愁上加愁，让不愁的人也禁不住强装忧愁。

探戈的发源地——卡米尼托

卡米尼托在西班牙语中是走廊、小道的意思，这里就是阿根廷“四大国宝”之一探戈的发源地（其他三个是足球、烤肉、马黛茶），属于首都的平民区博卡区。距博卡青年队的主场糖果盒体育场不远，马拉多纳就出身这个球队。街边小球场内，许多孩子在踢球。有人称阿根廷足球是探戈足球，脚法娴熟、细腻，节奏明快，主要凭个人技巧和临场发挥取胜，暗合探戈的神韵。

卡米尼托历史上曾是欧洲移民水手、码头苦力和造船厂工人的栖身之地，简陋的棚屋用铁皮搭建，搞来船厂剩余油漆以使家园增光添彩。适应这些人的需求，酒吧、咖啡馆、舞厅和妓院等低端消费场所应运而生。

想起自己学探戈的一段往事。20 世纪 80 年代初，结束十年禁锢，群众文化活动渐渐恢复，交谊舞开始流行。我接受单位工会交给的任务，和另一男青年参加了一期交谊舞培训班，学完后再转教大家。培训班是北京某中央级歌舞团开办的，老师很专业。主要学了华尔兹和探戈。记得老师特别强调，探戈要跳得高雅、高贵、高傲，甩头要干净利索。

又想起 20 世纪 90 年代初，某年央视春节联欢晚会，赵丽蓉老师和巩汉林表演小品《妈妈的今天》，赵妈总结出让人笑喷的探戈口诀："探戈就是趟啊趟着走，三步一回头，五步一招手，然后接着趟啊趟着走。"

都说距离产生美，除了美还会产生什么？看来还会有诸多想当然！这次游览卡米尼托小道，倾听探戈的历史，感觉对这个文化情趣与我们大相径庭的国度实在了解太少，对探戈这项阿根廷国粹艺术实在缺少感觉。

混血的身世，丰富的内涵

如今的探戈已芳龄 130 多岁了。正像阿根廷民族是混血民族，探戈也是个混血艺术，伴随着阿根廷独立后的短期移民潮而诞生。

在哥伦布发现新大陆之前，阿根廷只有土著的印第安人居民，之后欧洲殖民者纷至沓来。1535 年沦为西班牙殖民地。在民族英雄圣马丁带领下，1816 年获得独立。1853 年建立联邦共和国。其后阿根廷开启了工业化的历程，在短短几十年间，大约 500 万名欧洲移民涌入这个国家，绝大多数来到迅速崛起的国际化大都市布宜诺斯艾利斯。欧洲移民中 3/5 来自意大利，博卡区就是他们的主要聚居区。还有来自西班牙和法国的水手、商人，再加失地农民、潘帕斯草原的高乔流浪汉和手工艺人等，这里生活贫困潦倒，环境拥挤混乱。回不去的故乡，融不进的城市，看不见的前程，酒吧和舞厅成为消遣和自我救赎的场所。

对于探戈的艺术来源，专业人士研究指出，它受到来自各大洲多种音乐舞蹈风格的影响，比较明显的是意大利那不勒斯歌曲、西班牙安达卢西亚探戈、本土潘帕斯草原的米隆加、古巴的哈巴涅拉舞曲、非洲黑人舞蹈坎东贝。

阿根廷之旅我们看了两场探戈演出，一场在布宜诺斯艾利斯七月九日大道上的 Metro 探戈剧院，据说这是阿根廷国内水平最高的探戈演出；一场是在布市近郊的苏珊娜农庄，近距离领略了民间艺人的本真和豪放。还看了不少街头的即兴休闲娱乐，可说大饱眼福，见识了多种层次的表演。感觉探戈的旋律不急不缓，节奏鲜明有力，舞姿刚劲挺拔，舞步变幻莫测。它华丽而野性，浪漫而忧伤，散发着令人沉迷的气息。

当然，还是阿根廷本土的研究者对探戈更知根知底，他们认为，探戈是一种内向的舞蹈，是一种化作舞步的悲哀的思绪。就像拉普拉塔河水拖拽着红色的流沙时湍时缓地流向海洋，探戈的舞姿和音乐裹挟着内含隐衷的激情。

对比国内的探戈舞表演，感觉还是形似神难似，力度和味道上差距不小，就像看国足和南美球队踢球，且不论得分能力，仅好看性上就还差得远。别怪我挑剔，举个对比的例子，金发碧眼的老外穿上全套行头唱京剧，吐字再清晰、动作再逼真，我们还是会感觉，不知哪里味道有些不对劲。正合了那句话：越是民族的越是世界的。世界其他民族都可以学习传播，但最纯真的味道还只存在于本土。

传奇的流变和入选世界非物质文化遗产

探戈因为诞生于社会底层，有明显的色情和暴力倾向，起初在国内很受歧视，难登大雅之堂，甚至有教会人士认为它有伤风化，竭力抨击甚至想禁止它。然而令人费解的是，自 20 世纪初探戈传到欧洲后，却有着与本土完全不同的命运，这只来自平民区的丑小鸭变成了飞入上流社会沙龙的金凤凰。特别在巴黎这个时尚之都，受到近乎狂热的追捧。这种盛况一定程度改善了探戈的本土境遇。在欧洲风靡一时并受到再创造的同时，阿根廷探戈也因众多本国艺术家的辛勤培育和全民的喜爱及投入，快速走向成熟。

原来不知道的是，探戈作为一个综合艺术门类，它不仅是一种舞蹈，还包含歌曲和乐曲，三个部分都可独立进行表演。著名探戈歌手卡洛斯·加德尔是全民喜爱的明星，因车祸英年早逝，布市地铁有一站以他的名字命名。许多探戈歌词是优美深情的诗句：

那是贫民区一盏又小又旧的街灯，
它像一颗夜空中的明星，
照着穷汉们把一天的血汗钱瓜分；
一块石头打碎了街灯的玻璃罩，
好似市郊响起了一阵咒骂声；
当警察抓走了这里的人们，
他们的泪眼里映着闪烁的街灯。

探戈的伴奏乐器，早期是吉他、长笛和小提琴，后来加入班多钮手风琴和钢琴，有了质的提升。而班多钮手风琴起源于德国，又是探戈混血身世的一个明证。使探戈音乐最终成为独立艺术门类的，是阿根廷作曲家阿斯托尔·潘塔莱昂·皮亚佐拉。在欧洲古典音乐、西方现代音乐和美国黑人爵士音乐方面，皮亚佐拉都有很深造诣，他的创作和革新，被认为极大提升和丰富了探戈的技术含量和艺术感染力，引发世界乐坛关注探戈音乐的热潮。

探戈已于2009年入选世界非物质文化遗产名录，它的发源地不仅是阿根廷的首都布宜诺斯艾利斯，还有拉普拉塔河对岸的乌拉圭首都蒙得维的亚。两地曾为谁才是探戈的故乡争论不休，最终合作共赢，携起手来申报成功。

黑白亚马孙

巴西之旅的第二站，从圣保罗飞抵亚马孙河重要河港城市、巴西自由贸易区所在地马瑙斯。

船行亚马孙河上，在支流内格罗河和索利芒斯河交汇处，只见一河水黑，一河水白，泾渭分明。导游请船工拿来从两河分别取水的玻璃水罐，让我们近距离确认，然后解释说，因为一河富含矿物质，所以河水呈黑色；另一河夹带大量沙粒，所以河水呈白色。

马瑙斯的独立广场，用敲碎的地砖铺成带有弧形的黑白相间花纹，宛若黑白两河翻滚的波涛。广场纪念碑上，面向东西南北四个方向的青铜雕船，代表来自四大洲的移民到此融合发展。

气候潮湿闷热，清晨起床后想在宾馆花园照几张相，镜头盖刚打开，湿气立即漫上镜头，任怎么扇风，也不退去。白天的行程，头顶天空湛蓝，白云翻卷，骄阳似火，走一会儿就会汗透衣衫。在此生活了30年的福建籍导游打趣说，就是拜马瑙斯太阳之赐，让她黑得和当地人不分伯仲。世间万物，有弊就会有利，这里的气候对人来说有些受罪，对一种植物来说却是天造地设般地适合——这就是橡胶树，它的树汁产品橡胶被称为工业黑金。

马瑙斯的早期繁荣和开发，正是源于英国人在此的橡胶种植和贸易。我们参观了一个设在古建筑内的土特产市场，门楼上赫然刻着建于 1882 年。而马瑙斯百年大剧院（又称亚马孙歌剧院）既是英国人“多年他乡即故乡”意识的产物，也是他们在此疯狂吸金的见证：来自英格兰的铁柱，来自法国的原木，来自意大利的白色大理石……在亚马孙河上，还有用全部从英国运来的巨大铸铁浮筒建造的浮动码头，都是当年英国人的遗存。然而，天下没有不散的筵席。导游介绍说，英国人最终还是无法忍受这里的气候（可能不止这一个原因），将橡胶树苗移植到其他地区后集体转移了。

来到马瑙斯旅游，了解当地印第安人的历史和现状是一项重要内容。行程安排有参观印第安人博物馆，在印第安水上餐厅吃午餐，换乘印第安人驾驶的小船深入“原始热带雨林探秘”。自己又读了一些书和资料，总算从感性到理性，有了初步认识。

在 15 世纪末欧洲人到来之前，美洲已有 1500 万～4000 万人的原住民，形成许多不同的语言和文化族群，中文统称为印第安人。以玛雅人、阿兹特克人和印加人为代表的印第安文明，远离亚欧大陆文明，在相对隔绝的状态下产生发展，独具特色。特别是他们创造了高度繁荣的农业文明，培育的玉米、土豆、西红柿等农作物，成为全人类的主要食物。玛雅社会处于原始社会末期和奴隶社会早期阶段；阿兹特克社会处于奴隶社会；印加人实行严格的中央集权统治和神权统治。而亚马孙热带雨林区的印第安人，则发展程度较低，在欧洲人到来前大多处于父系社会和石器时代。

尽管兴致勃勃，但我们心知肚明，所谓“原始热带雨林”，因条件和时间所限，顶多摸到个边边角角，见到的也是已与现代文明融合的“新印第安人”（敝人自创称谓）了。例如，见到他们使用的缝纫机和电气厨具，大人孩子的服装已与现代人无异，餐厅达到卫生标准被允许接待外国游客，他们还熟练运用着现代人的生意经——把河中捞起的食人鱼等养在水池中，游客要看可用起重设备吊起，观者按人头交费。

有资料说，迄今为止，巴西政府共在亚马孙地区发现近70个印第安原始部落，记得之前看电视片介绍，亚马孙雨林中还有一些拒绝与现代人接触的部落，一个2008年刚被发现的部落后来神秘消失。目前亚马孙雨林还有大量未勘测地区，因此专家估计，应该还有未被发现的原始部落。不知那又是怎样一番景象。

在印第安人博物馆，有一样展品和它的故事让人颇有触动。看到一件独木棺，人死后要把一整棵树中间掏空，将遗体放入，盖棺火化，这前半段与世界许多地区的情景大同小异。再看后半段：死者火化成灰后，活着的每个人都要吃，吃不完的各自拿回家中，放在陶罐内，每日煮饭烧粥时掏出撒上一些，意味着延续死人和活人的联系，意味着故人活在今人心中。生与死，集中反映一种文明的宇宙观、人生观，在这里，又一次心悸于独特的向死亡致敬的方式。

要金山银山，还是要绿水青山？这个困扰中国人多年的问题看来也是巴西人要迈的坎儿。

亚马孙河发源于安第斯山脉，向东注入大西洋，全长6751千米，长度仅次于尼罗河，居世界第二位，但它是世界上流域面积和河口年平均流量最大的河流，在巴西的流域面积达390万平方千米。亚马孙热带雨林是世界上最大的热带雨林区，占全球热带雨林总面积的50%，森林面积的20%。达700万平方千米，其中有480万平方千米在巴西境内。是全球最大及物种最多的热带雨林。

亚马孙热带雨林被誉为“地球之肺”，每年吞噬全球排放的大量二氧化碳，又释放大量氧气，如果它不存在，地球上维持人类生存的氧气将减少1/3。热带雨林又像一个巨大的抽水机，从土壤中吸取大量的水分，再通过蒸腾作用，散发到空气中。森林土壤还有良好的渗透性，能吸收和滞留大量的降水。亚马孙热带雨林蓄积的淡水占全球地表淡水总量的23%。森林还是巨大的基因库，亚马孙热带雨林中每平方千米不同种类的植物达1200多种，地球上动植物的1/5都生长在这里。然而由于热带雨林的砍伐，每天都至少消失一个物种。热带雨林的生态环境比较脆弱，有人称之为“绿色沙漠”，一旦毁坏，短期内将很难恢复。

20世纪起，巴西亚马孙热带雨林就面临迅速增长的人口生存的挑战，20世纪七八十年代，为发展经济，政府更是做出了开发亚马孙地区的决策。烧荒耕作、过度采伐、过度放牧、铁矿开采和森林火灾等，使原始雨林急速消失，最保守估计每年也有8万平方千米。20世纪90年代，巴西政府开始和各国际组织合作，挽回危局。已经或将要实行的措施有：建立自然保护区；鼓励保护性开发，如生态旅游、雨林观光；森林选择性采伐和更新造林相结合；加强雨林缓冲区的建设，减少移民和农耕进入雨林区等。

听导游介绍，政府有对马瑙斯工业园区的优惠政策，一平方米地价仅一美元，获永久产权。吸引了许多国家的投资者，其中不乏中国企业，格力、富士康、嘉陵等都已在此建厂。

在2016年上海国际电影电视节上，秘鲁纪录片《当两个世界碰撞时》获金爵奖，该片正是讲述了秘鲁亚马孙地区原住民对政府的抗争。查豆瓣网影评，署名jiang的评论说："这是一部人类学电影，也是一部关于国内政治运动、体现国际政治秩序的纪录片……包括很多来自现场的第一手资料，十分珍贵。该片虽然同情原住民，但表现得很克制，并对不同文化之间的冲突、权威政体下不同利益群体之间的斗争、后发国家现代化过程中遭遇的不平等，进行反思，并且感到无奈。"

黑色的内格罗河水与白色的索利芒斯河水还将千百年在此交汇，流向大海；白色人种、黑色人种及其他有色人种还将在此融合发展，繁衍生息。人类只是匆匆过客，唯有亚马孙河及河畔的热带雨林是这一切的忠实守望者。

非洲印象

尼罗河的馈赠：埃及印象

此埃及之行学会了两句阿拉伯问候语，“萨拉姆阿利故”——意思是你好，用此语和当地人打招呼时，他们会回答阿利故萨拉姆，经历了多次，琢磨着此语是可以颠倒重复来说的，以加强语气；“哈比比”——意思是亲爱的，不分男女、亲疏都可用。

埃及的官称为阿拉伯埃及共和国，而我更喜欢古希腊历史学家希罗多德（Herodotus，公元前484~前425年）对她的称谓：“尼罗河的馈赠。”的确，她的古老文明仰赖于尼罗河的博大精神滋养，她的丰富农产品得益于尼罗河的充沛水量灌溉，她的人口聚居地多数在这条母亲河的两岸。

当然，埃及不只有尼罗河，她还有两海的呵护——北面蓝宝石般的地中海，东面翡翠般的红海；她还有扼欧亚非交通咽喉的苏伊士运河，被马克思称为“东方伟大的航道”；她还有名列世界七大水坝之一的阿斯旺水坝，解决了尼罗河周期性洪水的千古难题；她还有广袤无垠的东西部沙漠——撒哈拉沙漠，沙漠深处有绿洲，地下有宝藏；她还有占世界总产量40%的优质长绒棉，号称数量达800万棵的椰枣树……

埃及之旅，收获多多，说几个印象较深的吧！

这里是世界最古老文明的发源地之一，约在公元前5000年已进入定居的农业社会。中华民族号称有5000年文明史，不可谓不长，但比起有7000年文明史的埃及，还只能算小弟弟。同属世界四大文明古国，兄弟之间的年龄差距，以千年为单位。

看过好莱坞巨星泰勒主演的《埃及艳后》，许多人对埃及历史的认识恐怕就是从这戏说中得来的。其实埃及艳后不是埃及人，而是希腊人（马其顿人后裔）！埃及古代史大致分为三个阶段，先是经历了持续3000年的法老时代。以公元前332年亚历山大大帝的占领为标志，埃及进入希腊罗马时代，埃及艳后的故事就发生在这一时期。以641年阿拉伯军队的征服为标志，埃及进入伊斯兰时代。以1798年拿破仑军队入侵为标志，埃及近代史的帷幕拉开。

一直以为埃及是阿拉伯世界中排头几位的国家，确实是，但谁知伊斯兰教并不是埃及本土宗教，阿拉伯语也不是埃及本土语言。法老时代埃及流行多神教，神的种类达700多种。最早出现于公元前3400年的埃及象形文字曾达到很高水平，但逐渐淹没在战乱的硝烟和历史的尘埃中，直到19世纪才被法国学者尚博良破译。经过漫长的阿拉伯统治时期，伊斯兰教逐渐成为大多数人信奉的宗教，阿拉伯语也成为通用语言。

原来只知道埃及的古建筑是金字塔，这次才明白，埃及的古建筑主要有两大类。一是陵墓类（含金字塔），古埃及法老相信来世，企盼死后重生，不惜花费巨大人力物力，从登基之日起即开始修建陵墓；二是神庙类，古埃及人敬畏天地、崇拜众神，把最好的石料、最精美的艺术、最精湛的技艺都用于神庙建设。据说埃及境内现存金字塔 100 多座，神庙的数量一定也很可观。这些凝聚了古埃及人智慧和汗水的宏伟建筑，穿越千年风雨耸立眼前，让人禁不住感怀它的坚韧。

实话实说，行程目之所及，皆有脏乱差的印象。开罗市道路两旁随处可见脏兮兮的烂尾楼，原来那是住户为避税有意不将工程最后完成；博物馆的讲解员或旅游景点的司机故意创造一个服务，随即捻着手指向你要小费；连清真寺也不是一方净土，女性服务人员索要清凉油的声音不绝于耳。凡此种种，难免让人生出古代很辉煌，现实很无奈的感慨。不过，有限的与埃及人的接触，还是时不时眼前一亮，让人心怀希望。

在尼罗河游轮上吃晚饭，餐台的食品旁放着两个刻成花的大南瓜，心生好奇，俯身端详一番。一位穿厨师装的小伙上前搭讪，原来他就是南瓜花的雕刻者。我竖起大拇指夸赞，小伙羞涩的表情中分明有掩饰不住的自豪。他拿来自己的工具，告诉我是中国制造，一种两头的挖勺，已用断了一头。第二晚，南瓜花变成了一篮五颜六色的萝卜花，我端起花留影，方知分量不轻，一天时间刻出来，工作量可想而知。敬佩小伙的工匠精神，第三天早餐后找他道别，遗憾的是他还没起床，要留下清凉油做礼物，才从别人口中得知他名叫卡里。

开罗大学中文系毕业的导游王利，每天的讲解离不开埃及男人可以娶四个老婆和椰枣、鸽子肉对男人特别有好处的话题，伴着一脸的“坏笑”。但在尼罗河游船安静的角落，发现他在准备自己的硕士论文，内容是关于埃及古代法律的。他说导游只是人生一个阶段的职业选择。他虽出身殷实之家，但因来自外省，初到开罗时曾遭受白眼，遂发奋努力。他讲述多次真主保佑的神奇经历，也让没有宗教背景的我们听得惊诧不已。

王利的未婚妻、导游小燕子，一位美艳又知性的埃及女学霸，北京外国语大学对外汉语传播专业研究生毕业。寥寥数语，厘清了埃及历史的脉络；短短几句，勾画出埃及地理的特点。汉语翻译的自如与精当，令人击掌叫绝。讲起自己的求学和奋斗，有股不服输的劲头。她坦言，之所以能与王利走到一起，一方面是他的穷追不舍，另一方面是他能接受女方比自己强，同意女方婚后继续工作而不像一般埃及妇女那样做全职主妇。

吃饭的开罗中餐厅楼下挂着中埃友谊促进会的标识，摆放着印制精美、内容丰富的《中埃友谊——旅埃华人通讯》。拜读后，对埃及现在的政治经济形势、对旅埃华人的生活状况有了些感性的了解。中埃友谊不仅源远流长，现在更进入一个蓬勃发展的新时期。

行程过半，肠胃想家。红海五星级度假酒店 White Beach 的中餐厅面积很大，一位戴着高高厨师帽的人从灶台边转过身来，一见那白皙清瘦的面孔，我认定这是中国人，于是问他有没有中国面条。他回答说没有，唯一像点中国饭的就是素炒河粉。站在工作台外看他准备食材，看他颠勺爆炒。听他说是安徽人，来了两年多，还有很多不习惯，只是为了多挣些钱。问他为何这里的中餐不对味，他说一是原料不同，二是要适应当地人和其他外国人的口味。慢慢做，中国风味会多起来的。一锅炒河粉很快被一抢而空，接着团友们不约而同地向这位崔师傅要醋，他为难地说，没有咱们家里的那种醋，只有果醋，苹果醋、葡萄醋等拿来一排瓶子。试着倒了些葡萄醋，一点儿也不搭，只能将就了。

登上从开罗返回北京的飞机，找到自己那排，靠边的座位上坐着位瘦小的中国妇女（来去的埃航红眼班机，90% 的乘客是中国人）。问她是几号，她说我就是这儿的。身后两位时髦女吼道："谁说你是这儿的，长眼没长眼啊？"同时杏眼圆睁，做挽袖状，有点像老鹰捉小鸡游戏里的大老鹰。我一激灵，再看票，是后面一排的，赶紧拉上此人转移，边走边说："都是中国人，到哪儿都是一家，好说好说。"大老鹰可能本想教训小女人，看我也人高马大，就没再作声。

后来聊天才得知，小女人并不小，女儿都结婚了。在埃及这边化纤厂里工作，老板是无锡同乡，在家乡开厂很多年，到埃及办厂也已六年。十几个中国人，雇了 200 多名埃及工人。她大概是一线领班，经营数据并不知道多少，只知国内办厂成本越来越高，到这边比在国内赚得多。个人收入也比在国内高，年薪有个八九万，奖金不太多，具体没透露。关于埃及工人，她说得要多点儿，说是埃及工人比较懒散，做事要监督着，但也有很聪明的。老板很仁义，待他们挺好，两国人处得还算融洽。

又是个没想到，此行不仅游览了埃及的风景古迹，还通过个人的小视角，见识了中国影响力的大局面。顶层设计的“一带一路”倡议，正经由普通百姓的辛苦闯荡、奋力拼搏，珍珠穿成串，百川汇海洋。

重生之地，财富之地

到埃及当天我就去了吉萨金字塔。漫漫黄沙，滚滚烟尘，温顺的骆驼，穿长袍的当地人。仿佛带我们进入时空隧道，来到几千年前人声鼎沸的金字塔施工工地。三座巨大的金字塔分别是古埃及第四王朝第二位法老胡夫、他的儿子哈夫拉以及孙子门卡拉的陵墓。哈夫拉金字塔前是依据他的脸型雕刻的狮身人面像。

上篇游记我简述了埃及古代史的分期，即法老时代、希腊罗马时代、伊斯兰时代。这里还要再记述一下法老时代的分期。因为我发现，记住这些分期，对欣赏不同时期埃及古建筑的特色，了解其传承演变关系，明了埃及古建筑对希腊罗马建筑的影响，非常重要。

埃及法老时代共有 30 个王朝，其中最兴盛的，是三个时期：一是古王国时期（约前 2686—前 2181 年），从第三王朝至第六王朝；二是中王国时期（约前 2040—前 1786 年），从第十一王朝至第十二王朝；三是新王国时期（约前 1567—前 1085 年），从第十八王朝至第二十王朝。这些王朝的国王被称为法老。

吉萨金字塔群中，最大的是胡夫金字塔，始建于公元前26世纪的古王国时期，10万民工修了30年。它原高146米，现高138米，以现代楼房每层3米计算，相当于四五十层楼高。它底部为正方形，每边原长230米，现长228米。没用灰浆等黏合剂，230万块石块都是堆垒而成，据说平均每块都有好几吨重。金字塔是一个角锥体，四面的倾斜度完全一致，都是51°52′，且四个斜面正好对准东南西北四个方向。塔内有上下坡道，法老和王后墓室，通风道等。塔四周有祭殿、神庙、参拜大道等附属建筑，还有四五世纪的大片墓葬遗迹。再有据说是后来老百姓“私搭乱建”的住所遗存。

有学者评论金字塔的艺术特色时指出，“就体量来说，大体量给人以雄伟感，高体量给人以神圣感。就形式来说，方形底座的角锥体给人以稳定感，四面皆为等腰三角形，给人以简洁感、平衡感”。还有学者认为，在当时，金字塔的外观形式更有其实际的象征意义，根据金字塔铭文记载，法老通过太阳的光线升入天堂，这角锥体从顶端伸向地面的线条，像极了太阳的万丈光芒。

就像中国古代的夸父逐日、后羿射日等一样，古埃及人有关太阳的神话传说也非常丰富。例如，他们把地球想象为带波浪式边缘的大浅盘，漂浮于原始瀛水之上，这水既环绕世界又深灌于地下，于是太阳白天和夜晚各乘着一只船，分别进行着在地表水和地下水之间的循环航行。他们还有圣甲虫和猎鹰推动太阳航行的说法。在吉萨金字塔区有太阳船博物馆。

古埃及人为什么要修建金字塔？因为他们从对自然界的观察中体悟到生命是循环往复的过程，相信灵魂不灭，建立了复活与重生的信念。认为死亡是生命从一个世界转到另一个世界，准备死亡实际是准备重生。因此他们制作木乃伊，使漂浮的灵魂有所依托；他们重视陵墓的修建和随葬品的准备，期望重生后的灵魂还能过上好日子。

金字塔是古埃及人的伟大创造，与世上其他创造一样，它同样经历了一个演变过程。早期类似于长方形的石凳，到修建左塞金字塔时发展为六级阶梯式，从此奠定了金字塔的范式。我们也去了左塞金字塔及萨卡拉墓地，这里现有 15 座金字塔。它们内部同样有下降坑道和密室，周围大片的辅助建筑中有祭殿、围墙、柱廊、假门、竖井墓等。弯腰弓背下到一个较早期的墓室，只见墓顶装饰着星星状图案，四壁刻有蓝色象形文字的铭文，还见到巨大的石棺。在一座年代较靠后的贵族墓中，见到了记录打猎、捕鱼、宴饮等人间生活的精美雕刻壁画。

由于金字塔中随葬了数不尽的宝物，所以从建成之日起就不断被盗掘。到新王国时期定都底比斯（今称卢克索）后，法老们想出把陵墓修在荒僻山谷的对策，于是有了国王谷，建好后工匠全部被杀掉。然而，绝大多数陵墓同样没有逃脱被盗的宿命。只有一个例外，那就是图坦卡蒙的陵墓，因为它建在另一陵墓的下面，出乎常人意料，躲过了一劫。20 世纪 20 年代，英国考古学家卡特经过五年寻找，终于发现了这座陵墓。图坦卡蒙的木乃伊头戴纯金面罩，躺在纯金人形棺中，外面是两层贴金人形棺、石棺和四重木制圣柜。随葬品是他从小到大的用品和各种宝物、武器及家具等，考古学家花了10年时间才完成清理工作，现在均陈列在开罗的埃及国家博物馆中，堪称镇馆之宝。

图坦卡蒙是位短命法老，生活在第十八王朝末年，9岁登基，19岁离世。有说他是因父母近亲结婚而折寿，也有说是被人毒杀。他的陵墓是国王谷最小、最简陋的，尚且有这么惊人的宝藏，可想而知其他显赫法老的墓葬内该是怎样奢华的景象。

我们参观国王谷的旅程分为“上天”“入地”两部分。“上天”就是清晨三四点起床，乘车到达尼罗河东岸，等待；再乘船到西岸，继续等待。终于迎着晨曦，随着热气球缓缓升空，列入世界文化遗产的底比斯古城及其墓地尽收眼底。道路两旁的照明灯渐渐熄灭，朝霞把山谷染成红色，热气球在几千年的断垣残壁上飘过，那感觉震撼而奇妙。一半是荒谷，一半是绿洲；一半是冥界，一半是人间；沙漠赭黄，天空湛蓝。人不过是匆匆过客，只有天地永存。

“入地”就是在午后的骄阳下，来到寸草不生的国王谷，进入第九号、第四号等三个墓穴参观。因不让拍照，只能欣赏，没留下照片。里面的象形文字不知啥意思，但图画和雕刻还是可以看出，是众神引导法老的灵魂获得重生的过程。特别要提到的是规模宏伟的哈特谢普苏特的陵庙（祭葬殿）。在天上时看到目标很大，在地上时看到很壮观。她是埃及历史上唯一的女法老，在位22年。陵庙的威严风格应该也体现了她的执政风格，只可惜死后也没逃脱在壁画和碑文中被除名的厄运。

中国古代帝王也有视死如生的观念，看来，古埃及法老不仅视死如生，甚至有“重死轻生”倾向。听导游介绍，当时法老的居住地没有金字塔和神庙那么好，所以没能保存到今天。

古埃及人相信，人死后要接受冥神奥西里斯的审判，要经过例行的称心仪式，如果生前做了坏事，死者的心脏就会比天平另一边真理女神玛阿特的羽毛分量重，于是心脏会被怪兽阿姆特吃掉，灵魂无法升天。为了让生前不那么清白的人顺利过关，祭司们会想方设法蒙骗冥神，这就催生了刻在陵墓四壁和石棺上的铭文，再后来就是写在纸草纸上的“亡灵书”，统称死者之书。

死者之书中有献给神灵的赞美诗篇（神灵也爱听奉承话），有自我吹嘘的颂词，自我保护的咒语（推销自己），还有应付审判的巫术和“标准答案”（考场作弊）。原来，人之初，性本不善。人类在幼年期就学会了说谎，学会了忽悠神灵。而且，是人创造了本不存在的神灵，却又给予神灵至高无上的权力，还要煞费苦心应对神灵对人的审判。

蓝白与赭黄：摩洛哥和突尼斯两国印象

出于对地中海文明的喜爱，在到过地中海东北部的土耳其、意大利、希腊和巴尔干半岛诸国（从广义上看，爱琴海、亚得里亚海都应算地中海的一部分吧），到过地中海西北部的葡萄牙、西班牙，到过地中海东南部的埃及之后，就选择了地中海西南部的摩洛哥和突尼斯之旅，时间为13天。

行程基本是在这两国各自画了一个圈。首先到达摩洛哥卡萨布兰卡，转现首都拉巴特*（加*号的为世界遗产，下同），外观国父墓、哈桑塔和皇宫，入内参观蓝色城堡乌达亚斯；接着北上大西洋边艺术小镇艾席拉、西北部蓝色山城舍夫沙万；参观沃鲁比利斯古罗马遗址*；到达梅克内斯古城*，观雄伟城墙、皇家马厩和曼索尔城门；穿行非斯古城*迷宫般的街道，感受延续千年的原住民生活，外观世界第一所大学卡拉维因大学、古城修建者伊德里斯陵墓、古兰经学院和联合国重点保护文物安达卢清真寺大门；然后长途驱车南下马拉喀什*，在伊夫·圣洛朗花园收获惊艳，入内参观巴西亚皇宫，外观库图比亚清真寺，在喧嚣的不眠广场体验市井生活，在阿里之家品尝鲜美的库斯库斯烤羊餐，观看大型歌舞马术表演；再回卡萨布兰卡，入内参观超豪华哈桑二世清真寺。结束摩洛哥行程飞往突尼斯。

在突尼斯市下机后，立即赶往蓝白小镇西迪·布·撒以德，在落日余晖和清晨霞光中，领略了这颗地中海岸明珠的迷人风采；接着转往凯鲁万*，入内参观伊斯兰教在非洲的首座清真寺——奥格巴清真寺、西迪·撒哈卜陵墓，登高观看宏大的阿格拉比蓄水池；长途驱车南下沙漠绿洲托泽尔，亲临《星球大战》《英国病人》等拍摄外景地，领教阿拉伯老司机高超的沙漠飙车技艺，看山上绿洲，穿沙漠盐湖，感受大自然的沧桑巨变；在撒哈拉沙漠腹地吉兰堡，住帐篷酒店，骑单峰骆驼，开四轮沙漠摩托，观日出日落，体验“大漠孤烟直，长河落日圆”的非洲版意境。然后转道北上，做客马特马他柏柏尔人的窑洞院落；在全世界唯一还可进入地下一层参观的艾尔·杰姆古罗马斗兽场*，惊叹折服；返回突尼斯市，参观迦太基古城遗址*和麦地那老城*。

这是一次名副其实的世界遗产巡礼，摩洛哥9个世界遗产，我们看了5个；突尼斯8处世界遗产，我们到了4处。堪称过瘾！但不知是随着出国旅游次数的增多，自己变得“见多识广”“处变不惊”，还是各国的世界遗产在旅行体验方面还是有差异的，反正我有时变得不以为然、要“评头论足”了。例如突尼斯的迦太基遗址就有点让人失望，已看不到太多东西，规模也不大。摩洛哥的沃鲁比利斯遗址与土耳其的以弗所古罗马遗址属同期。但我个人感觉，此处比以弗所在规模、精品数量及维护水平方面还是要差些，当然还是很壮观的。

还有虽不算世界遗产，但也是参观重点的摩洛哥巴西亚皇宫，让人马上联想起西班牙格拉纳达的阿尔汗布拉宫。两者都是摩尔人宫殿建筑风格，但巴西亚皇宫在规模气势精美度上要差出几条街去了。中外的王朝看来有共性，早期开疆拓土，文功武略，颇具朝气、霸气；后期醉生梦死，危机四伏，只剩娘气、颓气。当然，建于13世纪的阿尔汗布拉宫也是摩尔人在欧洲的最后宫殿了，但比起建于19世纪末的巴西亚皇宫还是老前辈，所以阿尔汗布拉宫列入了世遗。

如果一定要我排出“最”的话，此行最震撼的是摩洛哥非斯古城和突尼斯艾尔·杰姆古罗马斗兽场。

这次看了两国四个蓝白小镇（其中一个是城堡），一个蓝色花园，对中国文化并不十分重视或喜爱的蓝色（最登峰造极的应用该数青花瓷吧？但那还不称“蓝”而称“青”），有了全新认识，增添了非常丰富的体验。借用古人“五岳归来不看山”“黄山归来不看岳”的说法，此行颇有北非归来不看蓝之感。这些蓝色场所，有的蓝得清新、妩媚再加几分俏皮；有的蓝得泛滥、夸张但显现丰富层次；有的蓝得霸气、狂野却也透出孤独或暧昧。

虽是匆匆而过，还是看出这里的伊斯兰教与其他地方有所不同，最明显的表现有两点：一是清真寺不是圆形穹顶而是方形斜脊屋顶，宣礼塔也不是圆柱形而是方柱形；二是与这里世俗住宅爱用蓝色不同，也与欧亚许多清真寺爱用蓝色不同，我们在两国看到的清真寺都是绿色调的。听孟领队介绍，这起因于突尼斯凯鲁万奥格巴清真寺的形制，因为这是伊斯兰教在非洲建的第一个清真寺，是伊斯兰教四大圣城之一，因此以后再建就都遵循这种形制了。

作为中国“一带一路”倡议实施的终端地区，我们自然也很关心当地中资企业和商品销售情况，摩洛哥地导小邵像是猜透了我们的心思，特意讲了中国手机在当地的故事。作为年轻人喜爱的拍照神器，Oppo 在摩洛哥销售非常火爆。销售模式是开办专卖店，请当地人经营，由本部承担装修费用和一名员工的工资，相对减轻了经销商的压力。作为交换条件，要求提货全部现金结算，且不赊销。而且 Oppo 的 Logo 颜色，采用的是当地穆斯林民众非常喜欢的绿和白，更是牢牢抓住了人心。

更让人没想到的是，在国内几近绝迹的功能机，在黑非洲地区却大有市场，深圳传音（Tecno）正是主打这一市场，取得了骄人业绩。物美价廉，使用简单方便，待机时间长，适应这里文化层次较低人群，适应没有网络和供电情况不佳等实际情况，销量比 Oppo 更多。邵导用了这样的评价语：“去过非洲主要国家的人，基本都知道传音在非洲的统治力。”

对于两国的现代化进程，好几位团友表示比想象的要好，可看出深受欧洲文化影响，至于殖民文化的功过，还是留待专家们评判吧！给我印象较深的是摩洛哥大环境的整洁，无论城市乡村，都见不到白色塑料垃圾，刻意盯着找，也找不到，原来人家有禁塑令！再上网查，原来非洲已有 11 个国家实行了禁塑令，新闻标题就是“禁塑令：贫穷、落后？这些非洲国家做得比中国都好！”摩洛哥的城市雕塑、灯光广告等设计，也十分时尚。晚上在卡萨布兰卡街头闲逛，在一家饰品店买下一条只相当于人民币 70 元的长围巾，手感、悬垂感和印染，都不输真丝质地的。临离开时，在机场竟然见到这个品牌（DIAMANTINE）的专卖店，原来这是一个很棒的摩洛哥本土品牌。

最后再介绍几种印象较深的两国吃食吧！一是主食中最常见的“库斯库斯”，用当地特有的塔吉锅烹饪，底部是像小米类的粮食，上铺牛羊鸡等肉类，再加土豆、胡萝卜和青椒等块茎类蔬菜；二是烤鱼、煎鱼，原料非常新鲜，味道清淡；三是类似我们炸春卷的小吃食品，中间包的有的是纯鸡蛋，有的是鸡蛋加蔬菜或肉类，关键是鸡蛋要溏心；四是薄荷冰激凌，一反当地食品都齁甜的情况，这种冰激凌微甜，透出薄荷的清香，非常爽口；五是松仁薄荷茶，主要食材是鲜薄荷叶和松仁，还有茶叶，有加糖和不加糖两种，鲜薄荷味很冲，微辣，但喝的过程中不断咀嚼松仁，就变成一种独特的复合味道，令唇齿留香，堪称绝配。

那片魅惑之蓝，在北非艳阳和棕榈树下

迎着马拉喀什初升的太阳，赶在早晨8点开门时第一批进入，首先惊艳于花园里那片魅惑之蓝。墙壁上、立柱上、水池护沿和陶质花盆都涂着这种深深的、艳艳的蓝。玩摄影的人，爱把天黑之前和黎明之前拍到的天空颜色称为“宝石蓝”，而这里的蓝分明比宝石蓝更浓、更艳。日本导演石井裕也2017年的一部电影，名字叫《夜空总有最大密度的蓝色》，借用他的概念，不知这里的蓝算不算最大密度。至少是接近最大密度吧！导游介绍说这叫电光蓝，点出了人们见到这种蓝往往有种被电击中的心理感受。

魅惑之蓝装饰的花园

强化这种被电击中感受的，是花园设计者对互补色的运用。研究表明，世间的色彩是存在互补关系的。三种单色光的互补色为：红与青、蓝与黄、绿与品。它们在色环上处180° 相对位置。

互为补色的色光以适当比例混合能产生白光；互补色光之间能够形成相互阻挡的效果，相互调和会使色彩纯度降低；但互补色并列时，会产生强烈对比的效果。这个花园，正是将蓝与黄这两个互补色并列设置，产生了强烈的色彩对比效果。而且，在色彩面积上，是大面积的蓝对小面积的黄，更是把这种对比强调到了极致。

花园面积并不大，建筑设施也并不奢华，诱人之处除了上面提到的色彩，还有设计的简约明快，格局的疏密有致，带有伊斯兰风格的雕饰和瓷砖的运用，再就是院内种植的来自世界各地的热带植物。可惜我只认识棕榈树和仙人掌，其他的都叫不上名字。清澈见底的水渠、波光粼粼的池塘和水花飞溅的喷泉，更是在暑热中送来清凉，给花园平添灵动和妩媚。

这座花园其实被称作马约尔花园，20 世纪 20 年代，这位法国艺术家、园艺家建造了花园。那蓝色颜料，据说价格不菲，就提取自撒哈拉沙漠的特有植物。亏他想得出，用来刷墙！因此人们又把这魅惑之蓝称为“马约尔蓝”。

应该说，让此花园有摄人魂魄魅力的是雅克·马约尔（Jacques Majorelle）先生，而让此花园名闻天下的，则是法国时装设计大师伊夫·圣洛朗（Yves Saint Laurent）先生。他第一次来马拉喀什，就爱上这里；一见到马约尔花园，就决定出资买下。1980 年，花园归于他的名下。从此，几乎每年的春夏，他都会离开巴黎的工作室，到这里小住，晚年退休，更是长时间居住在此。2008 年病逝后，根据他的遗愿，骨灰也葬在了花园中。

孤独天才

圣洛朗的父母都是法国人，1936 年，他出生于法属阿尔及利亚的奥尔兰，父亲是经营电影和保险业的商人，家境富裕。他自幼表现出忧郁的性格、出众的艺术天分，18 岁获得由国际羊毛局举办的设计大赛的第一名，进服装学校学习。19 岁被推荐给知名设计师克里斯汀·迪奥做助手，1958 年迪奥逝世，21 岁的圣洛朗临危受命，担任国际知名时装公司迪奥的首席设计师。

世间的天才大多是孤独的。由于迪奥的老顾客不接受圣洛朗的前卫，两年后他就被解聘了。一场服兵役的风波也搞得他焦头烂额。是好友皮埃尔·贝尔热（Pierre Berge）扭转了一切。有了贝尔热的财力支援，1962 年，他们开设了自己的时装公司，圣罗兰（YSL）品牌从此称雄世界时装界几十年。

有评论家这样评价圣洛朗：“灵感来源于街头，却从不舍弃那种优雅的质感。”他的高级时装设计典雅简约，令上流社会倾倒，吸金无数。他敏锐感受时代变迁，反叛权威，引领时尚潮流，喇叭裤、套头毛衣、嬉皮装、中性装、透明装和长及大腿的高筒靴等都是他的创新之作。他还善于汲取世界各种文化中的精髓，设计中的吉卜赛、非洲、高加索、斯拉夫、印度、土耳其还有中国等风格，都曾大获成功。

流星划过，绝唱永存

再宏大的戏剧也会落幕。1999 年，圣罗兰品牌出售给古驰

（GUCCI），2002 年，圣洛朗宣布退休。他终于可以常年居住在这个心仪的地方了。圣洛朗为什么这么爱这片蓝？这蓝对他意味着什么？毫无疑问，马拉喀什是他设计灵感的重要来源地，也是他生命中度过最多美好时光的地方。或许可以说，这里既是躲避忧郁与纷扰的平和港湾，又是释放灵感与想象的造梦工厂；既是享受爱情与友情的温柔乡，又是宣泄反叛与不羁的拳击场。

2017 年 10 月，法国巴黎和摩洛哥马拉喀什两处的伊夫·圣罗兰博物馆开幕，在此之前一个月，圣洛朗一生的知己和挚爱贝尔热辞世，享年 86 岁。正是在贝尔热的运作下，2004 年，皮埃尔·贝尔热—伊夫·圣洛朗基金会成立，负责管理近 3.5 万件品牌相关藏品，包括服装、配饰以及大量设计手稿等。在 2008 年圣洛朗去世后，贝尔热又全身心投入博物馆的筹建。

贝尔热给圣洛朗的悼词中说：

时间过得多快呀！分手是避免不了的，但是爱从未终止……我不知道如何说再见，因为我永远不能离开你。我们永远不能一起看日落了。我们画画前，永远不能一起分享彼此的感情了。但有一天我会和你在一起，我会去摩洛哥的棕榈树下找你。

最大密度蓝的夜空中总是有流星划过，但那蓝色苍穹却始终高悬。在北非艳阳和棕榈树下，那片魅惑之蓝永远守护着流星中的一颗。或许，另一颗很快也会飞来。

北非中世纪古城的人间烟火

到达非斯是下午 4 点多，像是玩笑又像是当真，领队小孟说："明天要参观非斯老城，大家一定不能掉队，一定不能走丢，这里 9000 多条街巷，像个大迷宫，许多地方没有手机信号，要找你可好比大海捞针。先带你们到个地方看看，吓唬吓唬你们！"

于是，大巴车开到了城外的一座山头上，始信小孟的话必须当真。向下俯瞰，火柴盒似的土黄色建筑，绵延铺展，布满了整个谷地，又跃上后面好几个山头。好大一片，看一眼就忘不掉，这景象让人有种心悸的感觉，那是多少岁月的梭子织就而成？那需多少年代的故事填满？

活着的古城，原住民的古城

808 年，伊斯兰教先知穆罕默德的后裔伊德里斯开始兴建非斯老城，时在中国唐宪宗时期，比唐玄宗和杨贵妃的时代也就晚不到 100 年，距今已 1200 多年了。作为阿拉伯世界最大的保留中世纪风貌的古城，它占地250公顷，17千米的城墙围护着古城，有许多城门供出入。全盛时期城内有近800座清真寺，现在仍有近400座，还有数不清的普通民宅、商铺作坊和华美庭院。据说非斯现人口50多万，有60%还挤住在老城。恍惚中，让人有种梦回大唐，神游长安的感觉。与拆改得面目全非的古城相比，非斯是保留原貌的古城；与只剩遗址的古城相比，非斯是活着的古城；与大部分居民迁出，只剩外来经商者的古城相比，非斯是原住民的古城！

世界文化遗产非斯，千年兴衰，留下了众多古迹，我们只能拣重要的匆匆一瞥。计有：古城创建者伊德里斯的陵墓，世界上最古老的大学——卡拉维因大学的清真寺，收藏有彩画古兰经和许多手抄本等珍贵古籍的该大学图书馆，古兰经学院，大门列为联合国重点保护文物的安达卢清真寺和装饰精美的水池等。

一般情况下，游客到景点都急着看古迹，当地人顶多是风景的陪衬。在非斯最让人着迷的，却是生活在整座古迹中人的日常状态，古迹反而成了人的陪衬。几个重要古迹景点，门前都很局促，空间有限。没有大规模开发、拆迁，没有让古迹高大，让百姓远离，而是任由古迹被民居层层包围，或是变身清真寺，成为老城居民生活的一部分。既不厚古薄今，也不厚今薄古，而是古今融合。

市井烟火，生活常态

在一处民居门口，导游小邵介绍了这里门环的妙用：有上下两个门环的，表示门内住着两家人，客人来时怎么通知自己要拜望的那家主人呢？奥秘就在叩门知谁来——叩哪个门环，哪家的主人就会来开门。不会搞错吗？门环的声响是有细微差别的，只有主人分辨得出来。而门上有两个并列门环的，则表示里面是带花园的。小物件体现的生活智慧让人叫绝。

老城的街巷都很狭窄，宽的地方，不过可三四人并排，窄的地方，仅容一人通过。为适应这种路况，小毛驴和手推车成为主要运输工具，不用担心身后有汽车喇叭的催促，但要时不时为这两位“爷”让路。新宰杀的牛和骆驼整扇摆上柜台；不知名的异域香料气味强行亲吻行人的口鼻；各色糕点隔着玻璃纸还招来不少蜜蜂，良心商家也不驱赶，而是借此证明那里面加了不少蜂蜜哦！当然，要时时注意高低不平的路面，谨防绊倒；狭路相逢，要学习老城人的友善和大度，有等待的足够耐心；也时时与散发腐臭的垃圾车擦肩而过，若被蹭到只能怪自己躲闪不及。

穿行在这些迷宫般的街巷，像是在玩探宝游戏，不知下一刻就会出现什么奇迹。也深深体会到街巷是老城的细小血管，由它输送进吃穿用，供养着生老病，排送出废弃死，这上千年的躯体依此保持着旺盛的生命力。也似乎明白，为什么许多建筑成为靠支架撑起的危房，许多房屋破旧昏暗，许多商铺逼仄低矮，但老城居民像是集体签过承诺书似的，一致坚决不肯出售房产。

围墙外的新城，又是另一番景象，街区宽敞，花园漂亮，各类汽车川流不息。晚上，霓虹灯闪烁，穿着时尚的青年男女在灯下或围坐交谈，或打闹嬉戏。我们住宿在新城，晚餐后去家乐福超市采购，感觉很高大宽敞，货品众多，价格便宜。有团友试喝了鲜榨橙汁，美味新鲜还价格不贵。

老城与新城，就这么年复一年对唱着生活的歌谣，共煨着市井的烟火。

铜匠的眼神，染坊的石臼

走进一家银器铜器店，满室星光璀璨，美不胜收。老铜匠低着头，一点点刻着铜盘的花纹。仔细看那花纹，极其精细，但要过他手上的凿子来看，不是想象中的尖锐锋利，而是呈扁长方形。全靠凿子倾斜的角度，还有锤子敲击凿子的力道，刻出预想的图案。有人提议和老铜匠合影，他放下手中活计，抬起双眼。厚厚的镜片后面，是一双疲惫不堪、失去光泽的眼睛。

墙上挂着非斯皇家行宫大门的照片，原来这是个皇家御用的铜器店，皇家行宫大门就是他们引以为傲的作品，怪不得这家产品比一般街边店高档不少。参观那座宫殿的黄铜大门时，导游特意让我们拍下照片，放大了细看，告诉我们，那是先一片片刻好，然后用铆钉铆起，再按图样拼接成大门。一个小片要刻三个月，一扇门要刻三年！看来，有绝活的地方必定有工匠精神——燃烧生命，引爆惊艳；耗干烛火，留下永恒。

早就在网上见过非斯的大染坊，来到近前还是被它的原始简陋、臭气熏天和污水横流所震惊。登上旁边的楼顶往下看去，那百余个大染缸原来是巨大的石臼，自 18 世纪开业使用至今，也属古董级了。泛灰白颜色的是揉皮的，里面据说是鸽粪、牛尿和动物油脂等天然物质，经过浸泡揉搓晾晒等工序，皮子变得特别柔软；深红深蓝等颜色的是染色的，据说用的也都是天然植物和矿物染料。工人们穿着橡胶靴、橡胶皮裤，或站在没腰的污水中劳作，或在窄窄的石臼沿上辗转腾挪。周围楼房商铺内售卖的，就是从这里涅槃而出的皮制品。

参观结束走出厂房，一条污水河在桥下流过，询问导游，工厂的废水就直接排入这条河中。旁边不远，是工厂的进货点，肮脏的原皮散乱堆放，散发着恶臭。旁边走过几个中国的女孩子，边捂着鼻子快跑，边嘟囔着："真脏真臭，下次不用皮货了，太恶心！"进货点路边十几米处，就是一家咖啡馆，室外凉棚下，十几个当地男人若无其事地呷着咖啡。

这里走出了当代王妃

在染坊旁的皮具店，看到一排女士坤包中间挂着一幅漂亮女人的照片，店员自豪地告诉我，这就是非斯古城走出的当代王妃，现任国王穆罕默德六世的妻子萨尔玛。一路上，导游讲的这个灰姑娘故事很让我们着迷。她有着一头少见的红瀑布般的秀发，身材高挑，容貌美艳如花，却是学理工的程序媛（员）。

她出生在非斯一个教师家庭，三岁丧母，由外婆抚养长大，大学学的是计算机工程。一次聚会上，还是王储的穆罕默德对她一见钟情，穷追几年。学霸级美女可不含糊，要求不多却都颠覆传统：一是只接受一夫一妻制，二是婚姻信息必须昭告天下。已继位国王的穆罕默德，既遵从传统又思想开放，一一照单全收。

婚后他们育有一儿一女。

如故乡的古今融合新老交错一样，萨尔玛不仅将传统的摩洛哥服装和西式服装都穿得美丽优雅，也将王妃和元首夫人的角色都扮演得有声有色。她一改以往皇室女眷不抛头露面的陈规，陪同国王出国访问、接待来访，还为慈善事业奔走，成立治疗癌症和预防艾滋病等多项基金会，热心公益。

然而，传奇少有却不容易长久。旅游归来没几天，网上传出消息，“摩洛哥国王穆罕默德六世与妻子萨尔玛公主已证实离婚”。这对令无数人羡慕的夫妻共同生活了16年，萨尔玛也才40岁。不论结局如何，以往的美好都值得珍视，往后的日子愿当事人好自为之。

迷宫非斯也是一座谜城，给迷上它的我们心中留下诸多问号。老城何以做到延续千年保持原风貌？目前老城呈现的“爆满”状态，究竟是其精神凝聚力作用的结果，还是经济发展水平限制的表现？如果这里也出现中国改革开放以来那样的经济高增长期，年轻一代会不会弃城而走，去追寻外面的世界？

世界唯一还能进入地下一层的古罗马竞技场

世界上现存结构保存比较完整的古罗马竞技场（也称斗兽场、角斗场）有 6 座，以层数划分，4 层的一座，就是意大利罗马的大竞技场；3 层的两座，一座在克罗地亚的普拉，一座是突尼斯的艾尔・杰姆；两层的有 3 座，一座在意大利的维罗纳，两座分别在法国的阿尔勒和尼姆。从地区看，5 座在欧洲，一座在非洲。也有一种说法，将罗马、维罗纳和艾尔・杰姆称为世界三大古罗马斗兽场。

以建造年代先后顺序排列，法国的阿尔勒，公元前 46 年；克罗地亚的普拉，公元前 27 年至 68 年；意大利的维罗纳，1 世纪初；法国的尼姆，70 年；意大利的罗马，72 年至 80 年，突尼斯的艾尔・杰姆，230 年至 238 年。

进入地下一层参观

顶着午后的骄阳，我们来到了位于突尼斯东北部的艾尔・杰姆古罗马竞技场。它长 150 米，宽 124 米，高 36 米，能容纳 4 万名观众。远远望去，土黄色的庞大建筑傲然矗立在蓝天之下，残破的外观也难掩宏大的气势，倒是一下子引人进入千年的沧桑。旅行社资料上特别强调，这是目前唯一一座还能进入地下一层参观的古罗马竞技场。导游首先带我们走下又陡又滑还间隔很大的台阶，来到地下一层。

抬头望去，透过透明顶板，可见地上建筑拱券的优美曲线。当时这顶板可是一块块沉重的大石板，隔开了地上地下两重天。走道两边是一个个隔间，一边关着野兽，一边关着要上场的“演员”（多为奴隶或战俘）。这里兽权大于人权，人是 10 人一间；而为防相互打架，野兽都关单间。建有绞盘式升降装置，将人和野兽送到地面，徐徐亮相，可说是当今明星演唱会升降装置的鼻祖了。每一场竞技都会血流成河、尸横多处，这里建有下水道系统，以供用水冲洗后排出场外。

嗜血癫狂，暴力游戏

这座竞技场地上部分有三层，我们接着登上一层又一层，在各个不同角度观看。深为罗马人的建筑技艺而惊叹，也深为这里发生的血腥故事而扼腕。

根据资料，古罗马竞技场地上一层是表演场地，地面会铺上厚厚的沙子，以便吸附血水，不断更换。表演开始会吹响号角，还有激昂的音乐演奏，甚至还有布景。人与兽的搏斗有两种形式，一种是猎兽，就是角斗士手持器械与野兽较量，最终杀死野兽，也有可能被野兽咬死。另一种是兽刑，就是将死刑犯绑在木柱上，先推着绕场一周示众，然后放出被饿了一两顿的猛兽，人瞬间被撕成碎块。

人与人的搏斗也有两种形式，一种是训练有素的角斗士间的较量，一种是死刑犯间的搏命。这后一种规定，一人带武器，一人徒手。若带武器者杀死了徒手者，那么下一轮他也会变成徒手者，与下一个带武器者继续拼命。横竖是个死，只不过稍有早晚。明白了其中的道理，死刑犯间会惺惺相惜，不马上置对手于死地。这让全场观众吼声震天，坚决不答应。于是手持鞭子和烧红铁条的奴仆会上场，驱赶死刑犯近距离搏命。不论是人与人的搏斗还是人与兽的搏斗，很多时候往往人倒下了并没死，这时就要观众作出裁决，手握拳大拇指朝上是表示让他活，大拇指朝下是表示让他死。

21 世纪前我国的介绍资料，多称竞技场是供罗马皇帝及贵族娱乐的，进入 21 世纪，研究更深入、评判更客观，从而还原了那是由皇帝发起和主导，一场举国上下的嗜血癫狂，一场全民参与的畸形娱乐，一场人人都是刽子手的暴力游戏。

现代体育场的鼻祖

在北非见到这么庞大的竞技场，让人又一次领略了罗马帝国统治区域的辽阔和统治力的强盛。而它的建造年代较晚，可能也与它的地理位置有关，罗马本土的流行娱乐方式传到这里需要时间，建造如此巨大的公共建筑也需要财力的积累。438 年，古罗马取消人与人间的角斗表演，523年，所有血腥的杀戮表演都被取消。屈指算来，它也就使用了200年。

圆形大竞技场是古罗马建筑艺术的集中体现，甚至被称为古代七大建筑奇迹之一。曲线和曲面建筑艺术的成熟，突破了希腊建筑直线与立面的限制，也结束了希腊剧场只能依山势建半圆形的历史，这样完全闭锁、能容纳几万人的竞技场才成为现实。拱券的应用既解决了承重、通风和疏散通道等问题，也十分美观。可以说古罗马竞技场就是现代体育场的鼻祖，后者的要素在近2000年前已基本齐备!

去罗马旅游时曾外观过那座大竞技场。研究表明，大竞技场外立面曾镶有大理石，但都在历史长河中被剥去做了他用。外立面还有四层不同柱子的装饰，第一层是托斯卡纳式，第二层是爱奥尼亚式，第三层是科林斯式，第四层是科林斯附壁扁方柱。刚见到艾尔·杰姆竞技场时，远远望见一片土黄，想当然认为这里肯定没有罗马那座竞技场奢华，毕竟是海外行省，与本土财力物力没法比。但抵近观察，回来后将照片放大细看，发现艾尔·杰姆竞技场外立面和内部拱券等的立面，都打磨平整，有的有钮状小凸起，有的有规则排列的小洞，估计应是供镶嵌大理石板材用的。而且它的外立面也有附壁柱的残存。所以当年它的气派和美观应是不逊于罗马本土竞技场的。

20世纪初，曾有德国建筑学家研究揭示，古罗马竞技场施工时，为了能让工人在高空作业，当时应该使用了移动平台和可升降的罩笼，还发明了大型“起重机”，将沉重的石料、砖瓦运到高处。他们推测，建造罗马的竞技场，至少制造了 30 台“起重机”。想必这些创造应该也漂洋过海来到了非洲。

文明与野蛮，技术的进步与人性的残暴曾在这宏大壮美的建筑内交会，观众与演员都早已堕入尘埃，唯有坚硬的石头长久存在。

切入撒哈拉沙漠一角

《撒哈拉的故事》可能是中国台湾女作家三毛最受欢迎的著作之一，当年它传到内地时，我正值工作和生活都颇要劲儿的时候，没有工夫拜读。等到多少年后终于有了时间，却发现已没了读此类青春文学的心境。“每想你一次，天上飘落一粒沙，从此形成了撒哈拉。每想你一次，天上就掉下一滴水，于是形成了太平洋”。这么煽情的句子，竟在心中激不起一丝涟漪了。

这次结合北非摩洛哥突尼斯之行，再次读三毛，倒对她有关撒哈拉的宿命、悲凉和沧桑的文字颇有些同感。“在这儿，无穷无尽波浪起伏的沙粒，才是大地真正的主人，而人，生存在这儿，只不过是拌在沙里面的小石子罢了”“撒哈拉沙漠是这么的美丽，而这儿的生活却是要付出无比的毅力来使自己适应下去啊”！

大约相当中国国土面积的撒哈拉

撒哈拉沙漠是世界上最大的沙漠。它横亘在非洲北部，西起太平洋，东到红海，东西长约5600千米，南北最宽处约2200千米，总面积900多万平方千米，相当于中国的国土面积。覆盖了埃及、苏丹、利比亚、乍得、突尼斯、阿尔及利亚、摩洛哥、尼日尔、毛里塔尼亚、马里和西撒哈拉等十多个国家和地区。“撒哈拉”一词，来源于阿拉伯语，转引自当地游牧民族图阿雷格人的语言，意思是“大荒漠”。

撒哈拉沙漠也常作为一个人文地理分界，在此地区生活的多是阿拉伯人，因与亚洲西部素有历史渊源，常连称西亚北非，或称“白非洲”；它以南，称为撒哈拉沙漠以南非洲，生活的多是黑色人种，称为“黑非洲”。

对动不动就宣传“穿越撒哈拉”的媒体，我们的孟领队很是不以为然，他说，撒哈拉的环境那么恶劣，想大范围穿越谈何容易！多数情况不过是选择合适角度，切入进去又切出来。我很信服他的话，所以把“切入”用在了本篇游记的标题。

我们的切入地是在突尼斯中西部，先到达与阿尔及利亚相邻的边境小城托泽尔，住宿于四星级沙漠酒店。第二天一早乘越野车到昂克日迈勒去看电影《星球大战》和《英国病人》的拍摄地，接着到了沙漠绿洲车比卡和迷你版大峡谷塔玛匝。经过国际撒哈拉节举办地杜兹，穿过绍特·杰瑞特盐湖，最后到达沙漠腹地吉兰堡，住宿于沙漠特色帐篷酒店。

沙漠公路路况不错，并不觉太颠簸。可能只是沙漠边缘地带，所以还是可以看到一些低矮簇生的绿色植物。偶尔会与小群的骆驼相遇，司机主动减速停车，骆驼们也就大摇大摆地横穿公路而去。途中在高耸的沙山上，阿拉伯“老司机”大秀飙车车技，有时是七八十度的高速上下，有时是车身倾斜着左右跳摇摆舞。虽然裹头巾、穿长袍，但车技绝不比戴头盔、穿专用服装的赛车手差。

沧海变桑田，绿洲变沙漠

沙漠绿洲车比卡是一处因灾废弃了的居民点，谷底有涓涓细流，水边长着些椰枣树。站在山顶俯瞰，是一片低矮的已没有顶的断垣残壁。最特别的是，一户门前墙上有一幅小小的马赛克拼贴画，依稀看出那是棵椰枣树。正好印证了三毛的话：“生命，在这样荒僻落后而贫苦的地方，一样欣欣向荣地滋长着。它，并不是挣扎着生存，对于沙漠的居民而言，他们在此地的生老病死都好似是如此自然的事。我看着那些上升的烟火，觉得他们安详得近乎优雅起来。”

在一处沙墙前，孟领队让我们凑近了观看，原来都是细小的贝壳，证明远古时代这里是海洋。考古学家在沙漠中发现了一万年前的壁画，有描绘乘着独木舟捕猎河马的场景，证明沧海变桑田后这里有奔腾的江河。从远古墓葬中的动物骨骼和壁画上的动物形象来分析，早期有水牛等亲水动物，后来是大象、长颈鹿、鸵鸟和羚羊等草原动物，也揭示了沧海变桑田又变草原的事实。

科学家认为，距今1万年至4000年前，这里是一片绿洲。

那么是在什么时候、又是什么原因使这里变成沙漠的呢？科学家研究发现，距今1.2万年起，地球运行轨道发生了一点儿改变，使季风带发生偏移，雨带北移，降水急剧减少，动物逃亡，植物枯萎，人类也不得不远走他乡。慢慢地，气候越来越干热，到公元前2500年左右，撒哈拉变成了大沙漠。近代以来人类的开垦和放牧等活动更加剧了荒漠化进程。

与做买卖的小伙攀谈，他问我喜不喜欢挂着的大花布，我说喜欢，但是感觉只有当地妇女穿上才好看，我们中国人穿就不好看。他对我的认可感觉很高兴，拉我到他的售货棚去，我怕他要推销商品，一个劲儿地摆手说：No money。他边拉我也边说：No money。然后，递上了一杯薄荷茶。我说的是实话，一方艺术美一方人，当地比较丰满、皮肤黑红的女性，穿上这种图案大、色彩浓烈的衣服，就是漂亮，披在咱们黄皮肤的中国人身上，就是不搭。而他也是真诚的，欣赏他们的就是朋友，就要有所表示。

体验沙漠帐篷酒店

关于帐篷酒店，行前会上，孟领队给我们打足了预防针。说是沙漠中条件有限，水是咸的，电压不稳，餐食简单，要有思想准备。实际情况，比想象的要好。

餐食与别处差别不大，没有沙漠化倾向，炸薯条感觉比麦当劳的好吃。电灯没有忽明忽暗的情况，但听得见发电机的轰鸣，可判断不是电网供电，而是营地自己发电。有空调，两条毛毯盖着，没觉着冷。洗澡水很热，卫生间卫生状况还行，但避免不了虫虫来访。发觉洗澡水渗得很慢，蹲下仔细查看，原来是一只虫虫堵在下水口，早已被烫死或淹死，但卡在那儿下不去。帐篷门没法锁，而是用绳子将门和门框之间的洞眼穿上系紧——可以算原始，也可以算创意吧！

营地内有一座二三层楼高的瞭望塔，登高望远，只见密密的椰枣林将营地包围，再远处，就是一望无际的黄沙。联想到中国西部治沙的报道，用植物来固沙，阻遏沙漠的蔓延。这里也能看到用类似中国的梭梭等植物扎的篱笆，高大茂密的椰枣林起到很好的隔沙作用。土气的游泳池水温摸着烫手，原来是温泉水。

这里的娱乐项目是骑单峰骆驼和沙漠四轮摩托，我选择了前者。夕阳西下，给我们投下长长的身影。随着骆驼迈步的频率，自然晃动身体，悠悠前行。来到大漠深处停下，有人脱鞋在沙上行走，有人仰面朝天躺下。太阳一点点沉下沙丘，随光影不断变化，沙漠呈现百种线条、千般起伏。遥想宇宙洪荒，禅悟天地造化，颇有灵魂出窍之感。

大洋洲印象

换一双眼睛去看海

“我出题了啊！”

“第一题是：在南半球太阳是从东边升起来还是西边升起来？”

“第二题是：在南半球能见到北极星吗？”

换一双眼睛感受海

“80后”姑娘小史，身材高挑，美丽而知性，领队兼地导，有着带澳新团的丰富实践经验，不仅解说知识含量大，还特别能在旅途中调动情绪，时不时出个题目，防止我们打瞌睡。在这汽车课堂中，我一般应算认真听讲、积极回答问题的“好学生”。

听到这第一个问题，我和坐在旁座的86岁团友王老立即竖起胳膊，比画着模拟地球自转方向，感觉不分南北半球，这方向应是一致的。于是我抢答：“还是东边升起来！”第二个问题可难住了我们，只能听小史作答：“南半球可见南十字星，见不到北极星。”——怪不得澳大利亚人将南十字星请上了他们的国旗，原来这是南半球特有的星啊！

于我而言，南北半球的差异，除了季节是相反的以外（据说藤蔓和海螺等生物的旋钮方向也是相反的），似乎并不是太大问题，比较有视觉冲击力的倒是陆地景观与海洋景观的差异。作为长期生活在北京这个中国北方内陆城市的人，看惯了黄土平原和高山，近些年又经历极度缺雨少雪的干旱，来到这个被海洋包围的世界唯一独占一个大陆的国家，不论是南部的悉尼、墨尔本和大洋路，还是东部的凯恩斯、布里斯班、黄金海岸，满眼所见皆是阳光海浪沙滩，感觉真需要换一双眼睛，来学习感受这海的美丽、海的魅力。相应地，思维上，也真需要从熟悉的内陆文化跳转到比较陌生的海洋文化。

完美的近海建筑

澳大利亚之旅第一站落脚悉尼，港口大桥和歌剧院当然是必看景点。

像世界许多地方的建筑有昵称一样，听说港口大桥俗称“大衣架”，很形象。我还觉得它像一个水桶的提梁，下面盛满的蓝色海水，是上苍赐予这里人的丰厚礼物。上午，天空呈非常通透的蓝色，大块大块棉花般的云朵，相互追赶着，像是争着要来这大衣架上晾晒。蓝绿色的海水静静在桥下流淌，只在有船经过时才泛起一些浪花。傍晚，夕阳给大桥镶上了金边，海水变成了深蓝色，上面跃动着点点金色星光。作为世界上主跨长度最大的公铁两用钢拱桥，悉尼港口大桥端庄简洁，与周围环境浑然一体。

如果说港口大桥展现了简单硬朗之美，那歌剧院则满含繁复婀娜之魅。它既像迎风的巨型船帆，又像海边的硕大贝壳。而据丹麦设计师约恩·乌松自己说，他最初想到的是橙子瓣！更令他没想到的是，这建筑让他的一生交织大喜大悲。喜的是，在还默默无闻的38岁那年，他的设计方案从来自30多个国家的200多份设计稿中脱颖而出；悲的是，他本人从最初的大受欢迎到1966年被迫辞职（据说因政府机构变动和观点分歧），歌剧院自1959年动工到1973年竣工，设计建造过程也一波三折。最终，他没有再到过澳大利亚。然而，时间这杆秤有时很残酷，有时又很公平，它会卸去悲，留下喜。乌松获得了有建筑界诺贝尔奖之称的普里茨克建筑奖，歌剧院入选世界文化遗产，成为悉尼和澳大利亚的地标建筑。

这次从各个角度欣赏了歌剧院建筑，有在近处的端详，有从皇家植物园麦夸里夫人角看它与港口大桥同框，有夜晚车过大桥看它的灯光掠过车窗，还入内参观感受了它的点线面和音响效果。这确实是一个建筑杰作，近海来感受它的外观设计，更是会被深深触动。内部设计装饰，说实话，感觉平平无奇，究其原因，可能是这些年国内建筑的日新月异及和世界接轨，把我们行外人的眼光也培养得挑剔了、“喜新厌旧”了。

在悉尼鱼市场被惊到

从古至今，海洋给人类的最直接馈赠就是渔获。旅行社的行程中有到悉尼鱼市场参观和就餐的内容，还每家赠送半打生蚝，让人早早就开始期待。实际身临其境，还是有种被惊到的感觉。

首先感觉这里中国人真多，怕是要撑起大半边天，到处可见中文文字和会说几句汉语的店家。根本不觉得在海外，好像就是国内的某地，可据说这是南半球最大的海鲜市场。其次是品种很多，以我这不大会吃海货的“北佬”眼光，大略能认出有鱼类、贝类、虾类、螃蟹类，最喜欢的是大龙虾、大螃蟹还有叫不上名字的大鱼头！最后是人与动物共存共乐，好多海鸥和类似鹭的大鸟，就在露天的餐桌边、垃圾桶旁转悠觅食，一点不怕人。

吃完饭就在市场内转着逛，拍了一些鱼品及价格的照片，加上自己的感受，发在微信朋友圈，引起一片点赞。发在“今日头条”，没想到炸了锅，头三天平均每天阅读量1万多，每天留言一二十条，少数是点赞，说是自己也在这儿有很爽的经历，多数是吐槽。有人说这是专给国内来的游客看的景点，有人说这里不少摊位被国内来的商户买下或租下了，许多抱怨这儿的价格太贵，还有好像是当地华人，说是以前他们还来，现在价格高得离谱，已不敢来了。还有的指教，活的才叫海鲜，我拍的挺好看的下面垫着冰的海货，只能叫冰鲜不能叫海鲜！

感谢网友们的留言，让我长了知识，了解了事情的多面性和复杂性。如果真像网友说的那样，这是专门给中国游客看的点，至少也说明，原来随着中国人境外旅游呈井喷式增长，催生了专给中国游客造景的“产业”；如果真像网友说的那样，这是中国人买下来赚出境中国人钱的，至少也说明，原来中国的海外投资不仅有政府主导的基础设施建设，还有众多民间资本的消费领域投资。

游泳、爬桥与烧烤

各种漂亮、豪华的游泳池很多，可你见过建在海边、不断有海浪涌入的游泳池吗？悉尼邦迪海滩的冰山泳池就是这么独特的一座。它建在海边一二十米高的礁盘上，标准的50米泳池，里面的水不是淡水而是海水。开始还纳闷，要游海水直接下海好啦，干吗多此一举建个泳池？越看越觉得这儿的人真是太会玩啦！距离产生美，泳池距海有一定距离和高度，在池内游泳，既可享受池水的相对平静和泳池的规整，又可感受池外惊涛拍岸和海洋的恣肆。在泳池中可控制姿势、找准角度，身后的大海狂野、蓝天辽阔，难怪这里成了网红打卡地，被称为最适合拍照的梦幻海边泳池。

还听说一件新鲜事，就是这儿的人时兴爬桥，而且是难度系数很高的悉尼港口大桥！乘车路过时经导游指点，确实发现“大衣架”的拱上有梯子，可一直爬到拱的最高处，大约需要花费个把小时工夫。国内一些明星名人也曾来凑热闹，据说刘晓庆、林志玲都来爬过，不愧是女神。导游介绍澳大利亚人酷爱运动，因而平均寿命在世界名列前茅。这爬桥之举，让我们领教的何止是爱运动，更是爱冒险、爱玩花样！

导游还介绍，澳大利亚人有三大爱好，可称为3B：一是Beach（海滩），二是Barbecue（烧烤），三是Beer（啤酒）。在凯恩斯的棕榈滩第一次看到，海滩边有许多烧烤设备，都是政府免费提供的，如电烤炉、烤架、烤盘，还有免费水源。许多家庭围坐一起，在享受美丽阳光的同时，享用美味烧烤和美味啤酒，其乐融融。后来发现，走过的海滩几乎都有这种免费烧烤设备和这样的场景，始信 3B 概括得非常精准。这又何尝不是澳大利亚海洋文化的体现呢？

是天生丽质，更是精心梳妆

谢天谢地，也许我是全部四位女乘客中体重最重的，所以，出于配重的考虑，让我坐在了直升机驾驶员的旁边，获得绝佳的视野，其他三位姑娘，只能屈居后一排了。

像苍鹰俯瞰众多瑰丽的翡翠

随着马达的轰鸣和头顶螺旋桨的飞速旋转，直升机挣脱地心引力，向辽阔的蓝绿色海面飞去。感觉自己像一只苍鹰，展翅盘旋在高空。俯瞰身下的“猎物”，像什么呢？分明是众多或大或小瑰丽的翡翠。

老话说：“黄金有价玉无价。”中华民族从远古时代就有尚玉的传统，翡翠更是深受国人喜爱，里面的学问和讲究可多了去了。其中“水头”和“种”是最基本、最重要的。简单说，水头是指翡翠的透明度，具体还分一分、二分和三分水；种是指翡翠的透光性，具体还分玻璃种、冰种、豆种和新老坑种等。依我看，下面这些都应算水头足的老坑种，晶莹剔透、色彩艳丽、质地细腻、温润圆融。

我们看到的多数是淹没在海水之下的珊瑚礁，显现着深浅不同的色调和千姿百态的纹理，还有或疏或密的分布，浑然天成，美轮美奂，让人感叹这海洋画师的玄幻技艺。有一座长满绿色植物的小岛露出了海面，四周环绕沙滩，就像一枚镶着银边的翡翠项链坠。还有一处小小沙洲，像是画师不经意的一抹，成就了一枚现代感十足的胸针。

入选世界自然遗产的澳大利亚大堡礁，原来不是以前我理解的一块或一片巨大的礁石，而是一个广大的近海区域：北起巴布亚湾东北岸水域，南到马里伯勒，长约 2000 千米，宽 16 千米至 240 千米，总面积 34 万平方千米，是世界上最大的珊瑚礁群。

建造这些海洋美景的建筑师，是直径不过几毫米的珊瑚虫。它们吞下浮游生物，分泌石灰质骨骼，一代代前赴后继，繁衍堆积，再和藻类、贝壳类海洋生物胶结在一起，经过漫长的岁月，生长壮大。这里共有 400 多种珊瑚，造就了蔚为壮观的珊瑚礁群。退潮时，有 8 万余平方米的礁体露出水面，涨潮时，只剩 600 余个岛礁。这里生活着 1500 余种鱼类、4000 余种软体动物、240 余种鸟类，还是著名的绿海龟、棒头龟等龟类的栖息地，具有举世罕见的丰富的生物多样性。

虽然由于气候杀手的肆虐，世界各地珊瑚礁的生存环境都处于日益恶化的状况，澳大利亚也难以独善其身，但全世界还是公认，大堡礁是自然资源得到最好保护的区域之一。我国学者考察研究后认为，这得益于澳大利亚建立了包括综合法、专项法和分支法的既完善又极具可操作性的法律法规体系，建立了利益相关者参与管理的“合作管理”平台和机制，用严密完整的管理计划提高管理的有效性，采取有效措施引导旅游者行为。其中最后一条我们有切身体会，上岛前，导游反复告诫，不许带走任何东西，包括贝壳，否则将被处以高额罚款。

美人，靠天生丽质，还要靠精心梳妆；美景，靠天生丽质，更需靠人类精心呵护。

像树叶绿岛故事从历史深处飘来

大堡礁有十多个岛屿建了酒店或公寓，还有观测站等，我们游览的绿岛，是开发旅游最早、被评论保持原生态很好的一处。1770年，詹姆斯·库克船长航行到澳大利亚东北海岸时发现了这座岛，在他的海图中记下这是一座“树木繁茂绿油油的低地岛屿”，以他船上的天文学家Charles Green的名字将该岛命名为绿岛。

绿岛面积不大，一条弯弯曲曲的主路，半个多小时就能走个来回，有几条岔路通向不同方向的海边。小小的纪念品商店外观像艘海船。道边林木茂密，植物多样，十分清幽。最吸引我的是道边用中英日三种文字制作的图版，介绍科普、历史等知识，还有以往时期来此游客的信件摘录。像是进入时空隧道，可与前人对话，也可体验现在的环境有哪些维系了当时的样貌，哪些有所改变。

一封130多年前（1889）的书信，是一个大男孩写给他姐姐的：

我们这一班爱热闹的人最近到绿岛去欢度了两天的远足旅游。我们带了来复枪、猎枪、16瓶的威士忌酒、20盒的炸药以及一瓶白兰地……以防被蛇咬伤，然后在一座草棚下扎营。草棚是卡拉威先生慷慨借给我们用的，他在这里经营一个海参采捕场。卡拉威先生的小艇的需求量非常的大，因为人们都需要他的小艇，出海去炸药捕鱼和搜集珊瑚，这岛的珊瑚是非常有名的……我们在星期天傍晚便启程回家，我们全部看起来就犹如流浪者一般（我们茫然不知如何解释滴酒无存的白兰地酒瓶，因为在这期间我们根本就没有看到任何蛇的踪影）。

1925年，一个名叫维斯顿的游客这样写道：

我们到这里的原因主要是一睹举世无双壮丽的珊瑚礁。我们在珊瑚礁那里漫游了几个小时，一名土著居民爬到椰子树上去采椰子下来给我们喝，并用他的牙齿来咬开椰壳，只要求一枚硬币和一群年轻渔夫摆姿势合影作为其报酬。

这些真实的文字让我们了解到，号称世界环保范例的大堡礁，初期也有炸药捕鱼、野蛮采拾珊瑚，也曾遍布海参采捕场，也有不被禁止的猎枪狩猎。发达国家的昨天就是我们的今天，那他们的今天就该是我们的明天。在我国环境问题十分严峻的当下，这让我们对未来葆有信心。这些真实的文字还让我们了解到，原住民善良友好、欲望不高，他们的文化生态理应和自然生态一起，受到尊重和保护。

它们才是这里的主人

图版介绍，这里以往经常有船只失事，原住民在岛上种植椰子，以便流落到此的人聊以充饥。这里原住民还有个关于海龟的传说：一只小海龟在海上游累了，就到绿岛的小溪中找水喝，无奈，小溪已被你争我抢的大海龟们占领。小海龟只得躲开，无意中发现一个灌满水的螃蟹洞。它低头一口气把水喝光了，等待清水一点点把洞灌满，再接着喝。不承想，它咕噜咕噜喝水的声音惊醒了洞里的螃蟹，螃蟹伸出蟹钳，在小海龟的鼻子上穿了一个洞。鼻子穿洞的海龟长大后变得强壮有力，其他海龟也纷纷要求神灵给它们的鼻子穿洞，于是大家都变得强壮有力了。

绿岛的游览项目有浮潜和乘坐玻璃船。坐玻璃船见到的鱼类不算很多，大概是看出了游客的不过瘾，整个游程快结束时，船长撒了饵料，立即吸引了众多鱼群，水中热闹了不少。不过，请允许我“得了便宜还卖乖”，不是一再告诫我们不准喂任何动物吗？这样对鱼和对环境会不会有影响？必须承认，短平快的商业旅游项目，让游客和经营者都不再有足够的耐心。读过《低吟的荒野》作者奥尔森的描述：“他真正想捕获到的东西：池塘中的倒影、色彩、声音和孤寂，而鳟鱼只不过是所有这一切的象征。”

这种人与鱼的关系，对我们这样“大拨轰”的旅游者只能是奢望了！

坐玻璃船见到的珊瑚礁也有些让人失望，个个灰头土脸，一点不像照片和影视中那样色泽鲜艳。想必多数游客与我们有同感，只听船上放的导游词解释说，由于深度、光照角度、季节等的不同，珊瑚会呈现不同色彩，而且一些色彩在传播过程中会被吸收、阻隔。

在岛上的餐厅吃午饭，味道虽一般般，但卫生环境没说的。让人纳闷的是，虽然有玻璃门窗、密密的铁丝网环绕，还是无法阻止一些小鸟进来觅食。来了您就低调点吧，它们还大摇大摆、旁若无人，在餐桌上跳来跳去。原来，大堡礁的鸟都是被宠坏了的“大爷”。听说要上鸟岛观鸟更有详细的“最佳环保操作”：要限制速度，接近鸟时要安静，避免迅速、突然地移动，把噪声减到最小，规定敏感时间，等等。

不怕人的鸟和只有撒饵料才能招来的鱼，这对人类一亲一疏截然不同的表现告诉我们，什么才是自然的常态；看似简单的原住民传说和通常并不那么艳丽的珊瑚，这并不符合人类猎奇需求的事物告诉我们，什么才是生命的本真。

图书在版编目（CIP）数据

行走世界：遇见不一样的文明 / 寿乐英著. —北京：中国工人出版社，2023.11
ISBN 978-7-5008-8302-9

Ⅰ.①行… Ⅱ.①寿… Ⅲ.①世界史–文化史 Ⅳ.①K103

中国国家版本馆CIP数据核字（2023）第210890号

行走世界：遇见不一样的文明

出 版 人 董 宽
责任编辑 傅 娉
责任校对 张 彦
责任印制 黄 丽
出版发行 中国工人出版社
地　　址 北京市东城区鼓楼外大街45号 邮编：100120
网　　址 http://www.wp-china.com
电　　话 （010）62005043（总编室）
（010）62005039（印制管理中心）
（010）62379038（社科文艺分社）
发行热线 （010）82029051 62383056
经　　销 各地书店
印　　刷 宝蕾元仁浩（天津）印刷有限公司
开　　本 880毫米×1230毫米 1/32
印　　张 8.375 插 页 0.5
字　　数 180千字
版　　次 2024年1月第1版 2024年11月第3次印刷
定　　价 58.00元